Très, très che…

Pour tes 50 ans
Voici les mots
d'un homme inspirant
Pour que ces mots
Inspirent la vie
Et qu'elle t'offre
Un homme inspirant.
Pour, aussi,
Toute l'inspiration
Que tu m'offres
Depuis toujours
Et pour toujours !

Je t'aime
Michelle
22 janvier 2011

Ménad dit ; "Attention au profòto"

12 avril 2011 !

Je t'aime mon fils.

LES ARAIGNÉES SANS MÉMOIRE

3 avril 2011 - Radio-Canada
82 ans, il est là !
Avec ses idées dans son
cerveau ! Tel Mimi !
Elle écoute ! Bec Mimi !
J'ouvre mon écrit !
Ma soeur cosmique !
André Breton
Marcel Marceau ♡
Méthaphisique —
El Topo le film.

« Espaces libres »

Reconnaître son enfant

ALEXANDRO JODOROWSKY

la psychomagie ?? Pas ok pour moi !

LES ARAIGNÉES SANS MÉMOIRE

et autres fables paniques

Traduction et préface de Gérard de Cortanze

ok je l'ai fait avec Gilles au souper du Jeudi soir !

Albin Michel

Albin Michel
▪ *Spiritualités* ▪

Collection « Espaces libres »
dirigée par Jean Mouttapa et Marc de Smedt

Memoria del tiempo

À Alexandro

La mémoire oblige à de singulières contorsions. D'aucuns soutiennent que la condition indispensable de son existence c'est l'oubli, d'autres qu'elle est une forme de passé au présent. La marquise de Sévigné, écrivant à Mme de Grignan, en 1671, en propose une approche personnelle, affirmant que la mémoire est « dans le cœur ». Pourquoi ? Parce que dit-elle, lorsqu'elle ne nous vient pas de cet endroit, « nous n'en avons pas plus que des lièvres ». Je ne suis pas loin de souscrire aux allégations de Marie de Rabutin-Chantal qui, comme chacun sait, pratiqua jusqu'à la démesure le genre épistolaire. J'aime assez cette idée d'une mémoire qui siégerait dans le cœur, car l'histoire qui me lie à Alejandro Jodorowsky est bien celle d'une amitié qu'il qualifia lui-même d'« *amistad eterna* » et qui, d'une certaine façon, commença avec un livre en gestation qui finit, après bien des péripéties, par s'appeler *Les Araignées sans mémoire*.

L'hiver 1978, dans la France des Trente Glorieuses finissantes et d'une crise pétrolière qui allait saper les velléités réformatrices du président Valéry Giscard d'Estaing, j'étais un très jeune poète, en pantalon pattes d'eph-Clarks-poncho, portant des lunettes ovales à monture d'acier et arborant une abondante chevelure frisée tombant sur les épaules. Parmi ma bibliographie en devenir, un livre au titre singulier, *Manifestes Altazor*, me tenait particulièrement à cœur. Publié deux ans auparavant aux éditions Champ Libre, il rassemblait, accompagné d'un appareil critique conséquent, les œuvres les plus importantes d'un écrivain chilien né en 1883 et mort en 1948 : Vicente Huidobro.

Ami de Picasso et de Hans Arp, de Paul Dermée et de Diego Larrea, de plusieurs *dadaïstes* français et de quelques *ultraïstes* espagnols, il restait dans l'histoire des lettres hispaniques comme un des maîtres de ces avant-gardes qui avaient fait souffler sur le début du XXe siècle un vent de panique. Son apport majeur étant le lancement d'un mouvement éphémère et ludique appelé le *créationnisme* dont le projet était la création d'une langue purement poétique signifiant la fin du « règne de la littérature ». Force est de reconnaître que mon livre connut un succès qu'il est de bon ton d'appeler « d'estime »... ???

J'ai toujours pensé que dans ce monde en mouvement les connexions qui doivent s'opérer s'opèrent, les liens qui doivent se tisser se tissent, les trajectoires faites pour se croiser se croisent. Une matinée de janvier 1978, un facteur m'apporta ce qu'on nom-

2011

mait alors un télégramme, petit papier bleu, plié, qui était ce que la communication faisait de plus rapide. Ces dépêches, transmises par le télégraphe, étaient toujours auréolées d'une certaine solennité, et ne parvenaient au destinataire qu'en cas d'urgence extrême : pour annoncer une mort, un accident, un drame. Quand Tintin en reçoit, c'est qu'il est dans de beaux draps. C'est un ingénieur de la TSF qui en remet un à Saint-Exupéry dans *Courrier Sud*. Et quand Albertine en ouvre un dans *À la recherche du temps perdu*, c'est pour lui demander de revenir « à n'importe quelles conditions ». Le « petit bleu » – comme il était aussi coutume de l'appeler – de ce matin d'hiver était signé Jorodowsky : « Lu Huidobro. Quelle merveille. Veux te voir. Projet film. »

Peu connu du grand public, Alejandro Jodorowsky – vivant à Paris depuis 1953, il avait travaillé avec le mime Marceau et Maurice Chevalier – était pour un groupe restreint d'*aficionados* un véritable dieu vivant. À moins de cinquante ans, il avait mis en scène près de quatre cents pièces de théâtre, créé une trentaine de ce qu'il appelait des « éphémères paniques », avait été champion de karaté et dompteur d'éléphants, avait dirigé un groupe de musiciens pop, créé une société de production cinématographique, réalisé plusieurs films cultes – *Fando et Lis, El Topo, La Montagne sacrée* – et lancé avec Fernando Arrabal et Roland Topor le fameux « Panique », qui n'était ni un groupe, ni un mouvement, ni une école mais une sorte d'aventure s'offrant, à qui la pratiquait, comme le fruit ni du savoir ni de l'expérience.

L'affiche, placardée à l'un de leurs spectacles, dans un petit théâtre de la rue Mouffetard à Paris, donne assez bien le ton de l'affaire : « Le groupe Panique international présente sa troupe d'éléphants. » Quant au texte « théorique », signé Jodorowsky, et inclus dans le livre manifeste publié en 1973, il s'intitule en toute simplicité : « Panique et poulet rôti »...

Ma surprise passée, je téléphonai à Alejandro Jodorowsky, comme le « petit bleu » m'y engageait. Après quelques mots en espagnol – né au Chili, il avait longtemps vécu au Mexique – nous en vînmes très vite au français puis au tutoiement. Jodorowsky avait lu le livre que j'avais publié sur Vicente Huidobro, poète qu'il admirait. « Par quel miracle connais-tu ce type dont personne en France n'a entendu parlé ? Pourquoi t'intéresses-tu aux avant-gardes latino-américaines du début de siècle ? Tu as lu des poèmes d'Enrique Lihn, un poète chilien, un de mes amis... etc. » Certains auteurs sont des passeurs, lancent des ponts, permettent aux connexions de s'établir. Huidobro le fut pour moi, à plusieurs reprises : avec Armando Uribe, ambassadeur d'Allende en Chine, que les « camarades chinois » avaient expulsé de son ambassade quand Pinochet avait pris le pouvoir ; avec Miguel Rojas-Mix, Chilien chassé de sa terre par la dictature ; avec Saul Yurkievich, le poète argentin qui me fit découvrir César Vallejo et me présenta Cortazar, et Juan José Saer, et Severo Sarduy, et Alfredo Bryce Echenique, et Luis Mizon, tous orpailleurs en Hispanie et grands buveurs d'alcools forts. La mémoire, toujours la mémoire, la *memoria eterna*...

Celui que j'appelais désormais Alexandro – avec un x et non plus un j – voulait me voir très vite. Deux jours plus tard, nous nous étions donné rendez-vous devant une gare désaffectée de la banlieue parisienne située à quelques pas de l'appartement dans lequel je vivais alors. J'étais venu à pied. Une grosse Ford rouge déglinguée attendait devant la voie ferrée, portes avant ouvertes. Un homme d'allure juvénile en jaillit : cheveux courts, en jeans et chemise indigo, œil pétillant, sourire ravageur. Conforme à sa légende, conforme à l'image qu'il avait donnée de lui dans un de ses rares textes publiés en revue : « Il y a longtemps que j'ai abandonné la multiplicité de l'ostentation extérieure par une forme unique pour attirer l'attention et m'individualiser : je m'habille tout en violet, des pieds à la tête, à longueur de jour, de semaines, d'années... Les mêmes chaussures, pantalons, vestes, chemises, un uniforme monotone et personnel... » Ne sachant pas conduire, il était accompagné d'un factotum charmant et muet. « C'est moi, Jodo », me lança-t-il en forme d'introduction.

J'avais préparé un choix de boissons alcoolisées. C'était mal le connaître. « Jodo » ne buvait que de l'eau, se nourrissait de pain complet, de pousses de soja, et de doses non homéopathiques de marihuana, canamo, ganjah, « *herbacea con propriedades psicoactivas* »... Nous nous quittâmes à l'aube du jour suivant, après des heures d'un dialogue intense où chacun s'était mis à nu. Jodo me parla beaucoup de l'échec de sa formidable adaptation du roman *Dune* de Frank Herbert – un projet fou. Voyez plutôt : participation d'Orson Welles, décors signés Moebius et H.R. Giger, musiques des Pink Floyd, de Tangerine Dream et de Magma, sans parler de Salvador Dalí qui avait accepté de jouer le rôle de l'empereur Padishha Shaddam IV !

La tristesse du projet avorté évacuée, il voulait me parler du futur. C'est pour cela qu'il m'avait envoyé le télégramme. Il voulait fêter les dix ans de Mai 68 à sa manière : une vaste fresque planétaire où tous ses fantasmes, ses thèmes majeurs, ses délires seraient représentés. Il voulait l'aide d'un écrivain. Mon Huidobro l'avait séduit. Il voulait travailler avec moi et avec personne d'autre. L'idée était simple. Pour ce spectacle total, il avait loué un vaste espace de plusieurs hectares à l'une des portes de Paris, sur lequel il avait l'intention de construire plusieurs chapiteaux. Les spectateurs, en un ordre indiqué à l'avance, se rendraient de chapiteau en chapiteau, à bord d'un petit train, mélange de train fantôme et de celui du jardin d'Acclimatation, afin d'assister à un spectacle particulier. Il y aurait donc autant de pièces de théâtre que de chapiteaux. Le tout serait filmé, donnant ainsi lieu à un nouveau spectacle total. J'écrirais le texte en collaboration avec lui mais aurais carte blanche pour travailler avec un musicien à une vingtaine de chansons devant accompagner les chorégraphies de ce show novateur intitulé *Museum Terrae*.

Nous nous revîmes souvent, nous travaillâmes d'arrache-pied. Les producteurs se défilèrent les uns après les autres. Certains ne partant d'ailleurs pas les mains vides… en Suisse. Nous restâmes avec notre rêve brisé et moi avec quelques chansons écrites, chantées, enregistrées sur des bandes de travail aujourd'hui perdues dont quelques notes me restent en mémoire, et un titre « Le tango du rat », mélodie étrange dans laquelle un rat à tête d'homme fumait une cigarette en regardant une prostituée qui avait le visage de Lili Marleen. Ne me demandez pas pourquoi, je n'en sais strictement rien. Comme je ne sais pas non plus pourquoi il avait été prévu que j'effectuerais, dans ce spectacle total, de la figuration intelligente, presque nu, en promenant, tenu en laisse, un bébé hippopotame recouvert d'une couche de peinture. Nul doute que cette expérience, si elle avait été réussie, m'aurait orienté dans une direction différente de celle qui est aujourd'hui la mienne !

Lors de ces séances de travail et de consolidation d'une amitié, Jodo me confia qu'il hésitait à se jeter dans l'écriture, qu'il ne s'en croyait pas capable. Il avait un respect infini pour le travail de l'écrivain, la littérature, le livre. La première personne à laquelle il avait voulu rendre visite, lors de son arrivée en France, c'était André Breton. Mais la rencontre avait tourné court. Pénétrant dans la maison de Breton, n'entendant aucun bruit, il s'était aventuré dans les pièces, cherchant le pape du surréalisme qui poussa un cri de bête lorsqu'il vit le jeune Alexandro Jodorowsky ouvrir par mégarde la porte des toilettes. Le pape du surréalisme, en train de déféquer, n'apprécia guère qu'on le surprenne ainsi dans cette posture. Et ce qui aurait pu se transformer en une expérience surréaliste extraordinaire, la rencontre non pas sur une table de dissection mais à la porte des toilettes d'un vieux surréaliste français et d'un jeune post-surréaliste chilien, se transforma en un événement tout ce qu'il y eut de plus prosaïque. L'homme qui avait passé sa vie à bouffer du bourgeois et à prôner l'anti-conformisme et la révolution mit le jeune intrus à la porte en poussant des cris de bête blessée, parce qu'il venait d'être surpris dans une position des plus surréalistes qui soient...

Mais revenons au respect de l'écriture manifesté par Jodo. Il finit par me confier qu'il avait écrit un roman qu'il se refusait à présenter à un éditeur mais que toutes les semaines il publiait une fable panique dans un grand quotidien mexicain. Sur une page grand format, il rédigeait une histoire qu'il illustrait d'un dessin à l'encre. La page manuscrite qu'il m'offrit alors témoignait de ce travail : on y voyait un homme entrer dans une maison, un masque sur le visage, une lampe torche à la main, en dérober méthodiquement objets de valeur, tableaux, bijoux qu'il glissait dans un grand sac avant de finir de s'apercevoir, une fois la porte poussée, la lampe rangée dans sa poche et le sac scrupuleusement fermé, qu'il venait de pénétrer par effraction dans sa propre maison.

J'encourageai vivement Jodo à publier certaines de ces fables, remaniées pour une publication sans illustration, dans la revue *Futurs* qui préparait sa troisième livraison. Jodo rassembla les fables qu'il avait écrites, parfois publiées, en écrivit d'autres et finit par trouver l'exercice passionnant. Je lui proposai un regroupement par thème, par filiation : histoires personnelles, histoires d'échecs, histoires d'erreurs qui sont humaines, histoires de rois, histoires de triomphateurs, etc. Nous nous prîmes au jeu. Un jeu amusant, ludique, un *work in progress*. Le livre avançant au rythme de nos trouvailles, de nos suggestions, de nos fous rires. Il fallut trouver un titre : *Fables paniques*. Le numéro 3 de la revue *Futurs* présenta d'ailleurs les textes retenus comme des extraits d'un livre à paraître intitulé : *Fables paniques*.

Nous nous mîmes en quête d'un éditeur. Travail difficile, déjà en 1978... Les éditions de La Différence, dirigées par un extraordinaire personnage de roman, flibustier flamboyant de l'édition, un certain Joaquim Vital, qui avait séjourné quelque temps dans les prisons de Salazar, à Lisbonne, pour avoir lutté contre la dictature, commençaient leur périple sur les eaux agitées de l'édition parisienne. Je n'avais pas trente ans. Dans l'euphorie des départs d'expédition, Joaquim Vital me proposa de diriger une collection. Je choisis un titre prometteur, « Cantos », au sous-titre suggestif « Mémoires, fictions, histoire », et qui était une référence évidente à Ezra Pound. Le programme ne l'était pas moins : Héctor Libertella, Ramon del Valle-Inclan, Dusan Matic... Je publiai *Rose et bleu* de Jorge Luis Borges, le roman d'Armando Uribe, *Caballeros de Chile*, et annonçai sur les rabats de ces premiers titres celui d'Alejandro Jodorowski (*sic*), *L'Art d'escalader les montagnes*. Le livre avait changé de titre. Nous le trouvions plus vendeur. Changement inutile. Me brouillant avec Joaquim Vital – avec lequel je me réconcilierais dix ans plus tard –, je quittai la maison d'édition, et emportai avec moi, c'est-à-dire nulle part, « mes » auteurs.

Jodo et moi travaillâmes sur plusieurs scénarios de films, je fis grâce à lui la traduction d'une pièce de théâtre écrite par la femme d'un producteur mexicain, apprenant par la suite et par le plus grand des hasards que mon ami Paul Auster en faisait dans le même temps, et alors qu'il séjournait à Paris, la version anglaise – ce que nous ne comprîmes que bien des années plus tard : mêmes délais impossibles, même paiement en grosses coupures au café Le Rostand, même maffieux sortant une enveloppe de sa poche remplie de la liasse de billets et nous demandant de compter les 8 000 francs de l'époque – « les bons comptes font les bons amis » – une somme pour Paul et moi astronomique...

Jodo avait commencé de tirer les Tarots, les Tarots de Marseille, pour lesquels il écrivit un fascicule devant accompagner la réédition des fameuses cartes, que je traduisis. Jodo travaillait aussi à une première bande dessinée avec Moebius, un petit format relatant une histoire cruelle et terrible : *Les Yeux du chat*. Nous nous rapprochions insensiblement de la publication des fameuses fables... Quelques années auparavant, ce même Moebius avait, avec Jean-Pierre

Dionnet, Philippe Druillet et Bernard Farkas, lancé une maison d'édition, Les Humanoïdes Associés, vite appelée « Les Humanos », pour pouvoir publier dans de meilleures conditions un mensuel de science-fiction, *Métal hurlant*. Dionnet, le plus intellectuel de la bande, après avoir ouvert *Métal hurlant* à d'autres thèmes que celui de la science-fiction, avait décidé de lancer ce qu'il appelait une « bibliothèque humanoïde », avec des titres de livres qui lui tenaient à cœur et qui le sortiraient de la simple bande dessinée...

L'Art d'escalader les montagnes resta longtemps sur son bureau. Le manuscrit de quelque 300 pages, tapées sur mon Olivetti Lettera 32, dont je ne possédais qu'un double sur papier pelure, très vert et très mou, ne faisait pas partie de ses priorités. La bibliothèque humanoïde battait de l'aile – fallait-il ajouter de l'échec à l'échec – mais Jodo était une étoile montante... Il avait en projet une série qui allait connaître un succès phénoménal, les aventures de *John Difool* et de *L'Incal*, et un film qu'il comptait tourner en Inde et qui narrerait les aventures d'un éléphant réfractaire : *Tusk*.

Finalement Dionnet publia le livre à l'automne 1980. Il y a tout juste trente ans. Le titre ne lui plaisait pas. Jodo conserva comme sous-titre « Fables paniques » et choisit de prendre comme titre général celui de la première nouvelle *Les araignées sans mémoire* dans laquelle le peuple des araignées, qui depuis des générations a perdu la faculté de pouvoir tisser des toiles, décide de tuer l'une d'entre elles qui semble sur le point de commettre un acte sacrilège risquant de déstabiliser la communauté : celle-ci est sur le point de retrouver le secret permettant de tisser à nouveau une toile d'araignée.

Le livre connut un succès relatif. Mais la machine à écrire jodorowskienne était en marche. La vie d'un éditeur n'est pas une ligne droite, elle emprunte des voies de traverse, des labyrinthes. Après les éditions de La Différence, je lançai la collection « Barroco » à l'enseigne des éditions Flammarion, et y publiai parmi les premiers titres, non plus cette fois un recueil de fables et de nouvelles signé Jodorowsky, mais un roman, structuré, ambitieux, tenant tout à la fois du synopsis de film dément, d'un scénario de bande dessinée en 40 volumes, d'une énorme fable panique qui en aurait contenu cinq mille autres : *Le Paradis des perroquets.*

Le coup d'essai fut un coup de maître. Le roman connut un vrai succès de librairie et obtint le Grand Prix de l'humour noir. Il planait sur ce roman-monde, livre de sagesses et de voyages, une terreur euphorique. Mélange étrange de Borges et de Castaneda, on y découvrait tout un monde, déjà en gestation dans *Les Araignées sans mémoire.* Un monde fait de moines-aviateurs, de baleines agitées d'orgasmes à répétition, de généraux faisant la guerre avec des soldats de plomb, d'Indiens déguisés en cygnes, de papillons « peinturlureurs », de « dauphingators » monstrueux, de vaches maigres, de « P'tit Popeye », de bénédictins déserteurs, de naines, de géants, de serpents blancs, de corbeaux philosophes. Oui, tout un monde se rassemblant quotidiennement, à la lumière violette des lampes du café Iris, lieu de naissance et de mort, dans lequel, comme le proclamait un personnage, un certain Hums : « Ici, on ne reconnaît qu'une seule vérité : la vérité de l'illusion. »

Oui, la machine jodorowskienne était bien lancée. Tout en amorçant une collaboration féconde avec Moebius, Arno, Cadelo, avec lesquels il publiait des albums aux Humanoïdes Associés, Jodo poursuivait son travail d'écrivain. Après *Le Paradis des perroquets*, je quittais les éditions Flammarion et prenais la direction des éditions Acropole dans le groupe Belfond et y publiais le troisième livre de Jodo, *Enquête sur un chemin de terre*. En couverture, une linogravure peinte de Patricia Reznikov, sur laquelle on voyait trois hommes en frac, pliés par le vent, comme des arbres ; vignette surmontée cette fois simplement du nom de l'auteur, sans prénom et en capitales noires : JODOROWSKY. Là encore, l'univers panique de Jodo exultait, pareil à lui-même. Ces trois hommes sur leur chemin de terre étaient-ils trois anges ou trois démons ? Venaient-ils semer la mort ou donner la vie ? Au cœur de ce manuel de zoologie fantastique, toujours la même population étrange, monstrueuse, dérangeante : un général dictateur affublé d'une matrone gonflée à l'ozone, un assassin aux yeux de loutre, un urbaniste dément, un homme perdu dans ses rêves d'acide ; mais aussi des détectives, des charlatans, des alpinistes, des révolutionnaires, et une ribambelle d'enfants illégitimes « engendrés par un couple de méduses rouillées »...

Depuis ces premiers livres, Jodo en a publié une dizaine d'autres, tous corrosifs, tous iconoclastes, tous démesurés, dont les ramifications, les racines, les branches semblent toutes reliées à ce *camino de tierra* déjà présent dans *Les Araignées sans mémoire*, livre qu'il faut prendre comme le principe initial d'une œuvre à venir, plus ample, plus ambitieuse. Mais quelle fraîcheur dans ce premier livre de fables, quelle aisance dans ce tableau des choses logiques et illogiques qui composent le monde, quel beau songe plutôt mélancolique sur l'identité personnelle, quelle belle voie tracée ouvrant au monde merveilleux de la géométrie. Tout Jodo est déjà dans ce premier livre. Trente ans après sa première publication, il n'a rien perdu ni de sa nouveauté ni de sa puissance.

Gérard de Cortanze

INTRODUCTION

« Je n'aurais évité l'ombre que pour me heurter à l'arc-en-ciel. »

Jack London,
L'Ombre et la Chair

Ø.1

Les araignées sans mémoire

Personne ne savait pour quelle raison, les araignées avaient soudain perdu les facultés constructives leur permettant de tisser leurs toiles. C'est au début de l'amnésie que la vie devint très difficile pour elles, accoutumées qu'elles étaient à sécréter de manière naturelle leurs fils visqueux et à attendre, paisiblement, les insectes qui tomberaient comme une manne céleste dans le piège tendu par les filières. À cette époque heureuse, elles n'étaient pas conscientes de leur œuvre. La complexe et transparente architecture émergeait comme un songe autour de leurs corps, sans qu'elles aient eu à produire le moindre effort. La toile grandissait si naturellement, comme la feuille autour de la branche ou le parfum exhalé des pétales. Débarrassées du souci essentiel et vital de la chasse, les petites bêtes devinrent très actives et acquirent une certaine vélocité. Avec le temps elles apprirent à construire des maisons sous la surface de la terre. Mais ce type de civilisation semblait les incommoder parce qu'il ne correspondait pas à la nature intrinsèque de leur organisme. L'obscurité des galeries les angoissait, la vie en commun développait la violence et, surtout, elles sentaient aux extrémités de leurs chélicères crochues comme une inexplicable démangeaison. Elles faisaient le geste de tisser et parallèlement rougissaient de honte parce qu'elles n'en comprenaient pas la signification. Certaines se proclamèrent alors « artistes » et commencèrent à tisser des objets qui rappelaient vaguement les anciennes toiles. Elles n'étaient ni rondes, ni fines, ni visqueuses, incapables d'attraper le plus petit insecte, mais remplissaient d'orgueil leurs créatrices ventrues. La mélancolie de l'amnésie s'installant, les araignées placèrent bientôt ces approximations de toiles, ces arachnéennes tentatives, sur des autels familiaux et se mirent à les vénérer. Avec le cours du temps, elles les entassèrent dans des musées puis dans des temples. On finit par les appeler des « symboles ». Surgirent alors des araignées opportunistes qui se dirent « maîtresses » et « magiciennes » et affirmaient pouvoir percer le fabuleux secret. Promettant, grâce à de grandes sommes théologico-philosophico-encyclopédiques, de révéler le mystère de ces toiles absurdes... Un jour, une petite araignée recouvra subitement la mémoire et se mit à tisser une toile sur la place publique. Les araignées firent un scandale, la couvrirent d'injures et après avoir nettoyé la ville de ces « débris immondes », exécutèrent sommairement la « monstrueuse » citoyenne, porteuse d'opprobre et de souillure.

Ø.2

La voix des dunes

J'affirme qu'après l'âme humaine
l'objet le plus merveilleux de tout l'univers
est un navire spatial
Je veux des entités magiques
des véhicules vibrants
pour prolonger l'être de l'abîme
comme les poissons d'un océan intemporel
Je veux des bijoux
des mécaniques aussi parfaites que l'âme
des ventres-navires antichambres
de la renaissance pour d'autres dimensions
Je veux des navettes courtisanes mues
par le sperme d'éjaculations passionnées
dans un moteur de chair
Je veux des fusées complexes et secrètes
transportant la vengeance d'un enfant
au cœur de glace d'un soleil de traîtrise
Je veux des navires-oiseaux
butinant le nectar millénaire des étoiles naines
pour nous offrir non pas l'éternité dont nous n'avons que faire

mais le secret de la lumière angélique
Je veux tout cela et davantage encore
Je veux des trains d'infinis
aux wagons opaques
dépassant les bornes de l'univers
Je veux des galaxies de lait empoisonné
où errent de minuscules navires
répandant d'hallucinatoires perles de désir
Je veux des paquebots pour transporter l'humanité entière
qui brûle comme une chienne
à la recherche d'un autre maître
Je veux des ailes de trois mille années-lumière
des dents de cristal de charbon et d'orange
qui avancent et dévorent les comètes
avec la délicate indifférence du platine
Je veux des cuirassés assoiffés
se mourant siècle après siècle
dans un désert d'étoiles
attendant le corps vivant qui remplira
leurs réservoirs vides
des sécrétions subtiles de son âme
L'homme conquerra l'espace dans nos navires
et non dans ceux de la N.A.S.A.
ces camps de concentration de l'esprit
ces congélateurs gigantesques vomissant l'impérialisme
ces tueries de pillage et de rapine
cette arrogance d'airain et de soif
cette science eunuque
bave de crapaud n'effleurant qu'à peine

le divin
le délirant
le superbe
CHAOS
UNIVERSEL

HISTOIRES D'ÉCHECS

« Sa tête sans chapeau avait cet aspect indécent des têtes qui sont rarement sans chapeau. »

Raymond Chandler,
La Dame du lac

1

Un coup d'épée dans l'eau

Après avoir connu l'eau vive, ils adorèrent des bouteilles. Un jour, un homme leur dit : « Oubliez cette eau stagnante et buvez de l'eau vive ! » Ils le lapidèrent.

2

La bicyclette monstrueuse

Un jeune homme voulait sortir avec ses amis et aller se promener à travers champs à bicyclette. Il aimait le parfum de la terre, le vert des prairies et la splendide couleur des fleurs. Un jour il se dit : « Je vais perfectionner ma bicyclette pour pouvoir voyager à travers le monde ! » Il travailla sans relâche, lui adjoignant de puissantes roues et de nouveaux mécanismes. Son ambition augmenta : « Ce sera la meilleure du monde ! » Il ajouta de monstrueux moteurs, des phares à longues portées, des garde-boue pointus. Ce qui n'avait été qu'une simple bicyclette avait maintenant les dimensions d'une maison. Le jeune garçon, vieilli par l'effort continuel, couvrit bientôt son engin de plaques d'or. « Ces accessoires ne sont pas aussi inutiles qu'ils en ont l'air : ils attisent l'envie ! » Une matinée de printemps, ses amis vinrent le chercher. « Viens te promener avec nous ! Viens respirer l'air pur ! » Dans l'obscurité de son antre, au milieu des vapeurs d'essence et des flaques d'huile brillante, collé contre le monument doré qui ne pouvait plus bouger, le vieil homme leur répondit : « Je ne peux pas venir ! Je dois faire très attention à ma précieuse bicyclette ! » Il remplit la maison de pièges, de sonnettes d'alarme et de canons. Observant les joyeuses cabrioles des cyclistes derrière sa fenêtre grillagée, il s'écria, rongé par la haine : « Comme ils n'ont rien, il va bien arriver un jour où ils vont essayer de me voler ma bicyclette ! Il vaut mieux que je les détruise avant avec mes canons ! »

3

Lépantomie

Un jour, un homme, sain de corps et d'esprit, eut peur que ses bras ne le rendent malade. Il alla consulter un médecin. Le spécialiste, après de longs et méticuleux examens, conclut : « La seule chose que nous puissions faire, si vous avez peur que vos bras ne vous rendent malade, c'est de vous les couper ! Comme cela vous ne pourrez plus attraper aucune maladie, du moins de ce côté-là ! » Le lendemain même notre pingouin se retrouva manchot. Après s'être senti en sécurité pendant un certain temps, l'estropié volontaire eut bientôt peur d'attraper une maladie par les jambes. Cette angoissante perspective ne le quittait pas et lui gâchait l'existence. Il consulta de nouveau le médecin, et celui-ci le convainquit facilement que la seule solution était une amputation des deux jambes. On les lui coupa… Le temps passa. Devenu homme-tronc, et ne se déplaçant plus qu'en fauteuil roulant, notre quadruple Cervantès revint de nouveau à la consultation, avec cette fois la peur terrible d'attraper une maladie par les viscères. Le docteur construisit une machine spéciale avec des poumons, un foie, un cœur, des boyaux, un pancréas et d'autres viscères artificiels ; il lui scia la tête et, la raccordant au mécanisme, jeta le reste du corps aux ordures… La tête, heureuse, sans peur d'être malade, se sentit enfin saine… Mais, un jour, le patient – ou ce qu'il en restait – commença à pleurer. Le médecin, intrigué, voulut connaître la cause de sa peine. La tête, prisonnière des valvules en aluminium, tristement répondit : « J'ai une envie folle de me rouler nue dans l'herbe ! »

4

Le trône électrique

Un homme, qui avait vécu jusqu'alors en pleine nature, décida, un matin, d'escalader une montagne. Arrivé au sommet, il découvrit, au fond de la vallée, un gigantesque édifice aux portes duquel une foule en délire luttait pour tenter d'y pénétrer. Il se dit : « Si personne ne désire vivre dans ces bois, pourquoi serais-je si différent des autres ? Si tous ces gens luttent pour entrer, pourquoi ne le ferais-je pas ? » Utilisant l'énergie accumulée par l'exercice d'une vie saine, il écarta rapidement la foule, pénétra dans l'édifice et entreprit l'ascension du monstrueux escalier. Luttant férocement, il gravissait les marches jonchées de blessés, d'agonisants et de cadavres. Peu lui importait de marcher sur les corps… Ivre de triomphe, il s'écria : « Je suis à l'intérieur et j'ai déjà monté beaucoup d'étages ! Regardez-moi ! Tas de vermines ! » Avant d'expirer, un vieillard lui souffla : « Imbécile ! L'édifice possède des milliards d'étages et personne n'a jamais atteint le dernier, celui du trône ! » Notre homme répondit : « Raconte ce que tu veux, j'arriverai au sommet et m'assiérai sur ce trône, quel qu'en soit le prix ! » Puis il continua son ascension. Peu lui importait de s'ouvrir le passage en piétinant ses concurrents, en les déchirant, en les écrasant, en les assassinant. À la fin, il arriva au dernier étage : au centre d'une pièce recouverte de lames d'or resplendissait un trône électrique étrangement silencieux et immobile. Au comble de la joie, il vociféra : « Le trône électrique m'appartient ! Je serai le premier qu'il électrocutera ! » Et appuyant sur l'interrupteur, il voulut ajouter : « Je passerai à l'his... ! » Mais avant d'avoir pu terminer sa phrase, il n'était déjà plus qu'un minuscule tas de cendres.

5

Solution par réduction

Un dompteur désire laver l'anus de son éléphant avec un ticket de métro. À peine a-t-il commencé son pestilentiel labeur qu'il se rend compte que ce modeste morceau de carton est bien trop petit, et que la circonférence violette exigerait bien plus encore que la double page d'un quotidien. Ne disposant pas d'une telle masse de papier et se refusant à aller en chercher, l'homme décide de coudre cette fondamentale discosphère jusqu'à ce qu'elle atteigne les raisonnables dimensions de la puce. Alors, il peut très facilement réaliser sa lourde tâche… L'intestin du pachyderme, se trouvant dans une situation sans issue, accumule une telle quantité de matières fécales qu'il éclate et le tue.

6

Le labyrinthe inondé

Un homme se trouva brusquement perdu dans un labyrinthe dont les couloirs étaient remplis d'eau. Se sentir prisonnier l'angoissait, la sensation d'une catastrophe imminente le terrorisait : à tout moment les couloirs pouvaient être inondés par une vague qui, déferlant, le recouvrirait à jamais… Il essaya vainement de trouver une sortie. Le labyrinthe semblait infini, interminable, et la complexité de sa structure était telle qu'il ne parvenait pas à obtenir cette vision d'ensemble qui lui aurait permis – grâce aux détours de la déduction et de la logique – de retrouver le chemin de la liberté. Il s'arrêta, vaincu, épuisé. Les eaux tranquilles ressemblaient à un miroir. Son image s'y reflétant, il pensa : « Je suis en bien mauvaise posture, mais pour mon reflet c'est encore pire. Si je ne peux pas sortir, il ne le pourra pas non plus ! Donc, tout cela dépend de moi ! » Cette triste et bien maigre consolation le réjouit un court instant. Une espèce d'euphorie sadique s'empara bientôt de lui. « De plus, cette image n'a pas ma force, elle est faible ! Je n'ai qu'à donner un simple coup de pied dans l'eau et elle se déforme immédiatement et n'existe plus ! » Au lieu de continuer à essayer de sortir, il perdit le temps et le peu d'énergie qui lui restaient à chercher une grosse pierre. Se brisant les ongles, se déchirant la peau des mains, il finit par en trouver une. Avec un rire qu'il voulut le plus blessant possible, un rire qu'il crut sardonique, il lança le projectile à côté de ses pieds. L'eau éclata en milliers d'ondes scintillantes et fugaces. Il attendait que le reflet se déforme, mais celui-ci restait intact et l'observait fixement au travers de la surface aqueuse et bizarrement plate. L'homme en éprouva une vive douleur et se sentit envahi par d'intenses vibrations. Son corps, agité par d'étranges tremblements, se couvrit d'ondulations métalliques. Les murs se désagrégèrent. Tout explosa tandis qu'éclatait une folle profusion de taches inouïes. Avant de se perdre dans le néant, notre homme put se rendre compte qu'il n'avait été qu'un reflet et que le monde n'était qu'une illusion de la surface aquatique.

7

Le lion empereur

À l'unanimité, le lion fut sacré Empereur de la jungle. Au commencement, cette lourde et digne charge le remplit d'orgueil, mais au fur et à mesure que passaient les jours, l'angoisse prit bientôt le dessus. Dans toutes les clairières et dans les moindres recoins, éclataient, entre ses sujets, de cruelles batailles. Personne ne pouvait plus se promener tranquillement, les sentiers devenaient peu sûrs et les sous-bois étaient de véritables coupe-gorges. À la tombée du jour, les animaux, tremblants de peur, se barricadaient chez eux. Certaines espèces, qui dominaient le secret du feu, disposèrent d'immenses brasiers prêts à enflammer la jungle si cela s'avérait nécessaire. L'Empereur fit venir l'âne, son premier ministre, et se répandit en pleurs amers dans une de ses grandes oreilles. « Mon fidèle serviteur, je ne trouverai jamais la force pour résoudre un si grave problème. Nous courons à notre perte ! » L'âne, au prix d'un grand effort, essaya de penser. Puis, il dit : « Mon Maître bien-aimé, si vous ne pouvez résoudre un problème aussi grave, essayez au moins de résoudre un problème plus petit qui soit à la portée de votre pouvoir. Pouvez-vous administrer toute la forêt ? » « Non ! » « Essayez alors de mettre de l'ordre dans le bois où vous vivez. » « Je ne peux pas, répondit le lion, il y a tant de jalousie dans ma propre Cour que je n'arrive même pas à former une armée ! » « Alors, mettez de l'ordre dans votre Cour ! » « Je ne peux pas, il y a tant de disputes dans ma propre famille que je n'ai même plus le temps de penser à autre chose ! » « Alors, ô Lion, trouvez une solution aux luttes intestines qui minent votre famille ! » « Je ne peux pas, je suis moi-même déchiré entre le désir de servir loyalement mon peuple et celui de le manger voracement ! » Et à ces mots, il sauta sur son premier ministre. Alors qu'il était dévoré, l'âne se risqua à tutoyer l'Empereur : « Avant de souffrir de l'état dans lequel se trouve la forêt, essaie au moins de te rendre compte que, si tu ne trouves pas une solution à tes propres conflits, jamais tu ne pourras aider ta famille, ta Cour, ton bois et encore moins ta forêt ! »

8

Le miroir et le paradis

Il n'y eut jamais de jardin plus merveilleux que celui-ci, rempli de douces plantes, d'animaux délicats, de senteurs subtiles et d'une pelouse satinée à faire crever d'envie le plus lourd des velours. L'unique chose, venant troubler la perfection de cette harmonie, c'était un grand miroir, planté là en plein centre du paradis. Un homme, qui était arrivé par hasard dans cette étrange contrée, n'avait d'yeux que pour l'étincelante glace biseautée. Apercevant le miroir, il s'écria : « Quel merveilleux paysage ! C'est là que je veux vivre ! » Et il retourna en courant dans sa ville malodorante et sale, monta jusqu'à son appartement, emballa toutes ses affaires, les chargea dans un camion et revint vers ce qu'il croyait être un havre de paix et de bonheur. Il déchargea meubles et paquets et s'assit en face du miroir, regardant avec admiration ce qu'il reflétait. Il observa chaque centimètre carré de la haute psyché : « Voilà le meilleur endroit : un versant à l'ombre fraîche des cyprès, dans un silence glacial qui doit me guérir de la fourmilière bruyante où j'ai vécu ! »... Il essaya d'entrer dans le miroir, mais la tête brune ne s'ouvrit pas. « Pourquoi m'opposes-tu une barrière invisible ? J'ai été bon, j'ai lutté, j'ai souffert, je mérite que tu m'ouvres cette porte, cet endroit m'appartient, c'est ma récompense ! » La surface amalgamée d'étain et de mercure ne répondit pas. L'homme, désespéré, supplia, refusa de manger, poussa de longs soupirs, trépigna… en vain… Il se mit en colère : « Comment est-ce possible que le destin puisse me vaincre ? J'ai la volonté nécessaire pour influer sur mon sort : je forcerai l'entrée ! » Il s'empara de tous les objets lui appartenant qu'il pouvait charger dans ses bras, prit son élan et se jeta contre le miroir. Le verre éclata en mille morceaux ! L'homme vit disparaître le reflet convoité, et à genoux, au milieu des éclats de verre, pleura amèrement : « Dieu, pourquoi as-tu détruit ma réalité ? Où vais-je vivre maintenant ? Je suis resté dans le néant ! À quoi peut bien me servir la vie ? Si j'ai les mains vides, je préfère m'en aller ! » Il s'ouvrit les veines et s'allongea sur le pré pour se laisser mourir. Oui, se laisser mourir au milieu d'un jardin parfumé, parmi l'opéra sublime des oiseaux, sur le pré maternel, sous le vert balsamique des feuilles, ne regrettant que le reflet !

9

Les naufragés déçus

Des naufragés essaient de survivre sur une île. Ils arrivent à vaincre le froid, la faim, mais ne peuvent dominer l'ennui. Un jour, apercevant une tache à l'horizon, ils poussent des hurlements de joie, allument un feu, font des signaux. La tache grandit. Elle arrive en direction de l'île… Les hommes euphoriques estiment qu'il s'agit d'un immense transatlantique. Ils rêvent à un bar avec piscine, à l'épiderme velouté de passagères riches et veuves. Après un certain temps, ils constatent que la forme n'a pas les dimensions attendues. Aucune importance : c'est un cargo. Nous aurons du vin, des vêtements secs et de l'amitié… Cependant, à mesure qu'elle se rapproche, la silhouette, une nouvelle fois, trompe leurs espérances : sans doute n'est-elle qu'une simple barque de pêcheur. Qu'importe : nous pourrons manger et revenir sains et saufs à la civilisation… Mais le rafiot se révèle n'être qu'un quelconque tronc d'arbre. Les naufragés, furieux, méprisants, le laissent passer sans se rendre compte qu'à cheval sur cette planche, ils auraient pu traverser l'océan.

10

L'empaquetage de l'éléphant

Un monsieur, qui avait commandé en Afrique un éléphant vivant, applaudit de plaisir le jour où on le lui livra. Contrairement à ce qu'espéraient ses voisins (qu'il lui attachât une chaîne au cou, qu'il l'emmenât promener comme un chien au parc, pour qu'il enterrât les becs de gaz sous ses besoins), il enferma le pachiderme dans sa maison, apporta des cordes et voulut le ligoter. L'animal, docile, croyant qu'il s'agissait d'une caresse, se laissa lier les pattes. Il ne connaissait pas encore l'unique obsession de son maître : l'empaqueter vivant. Ce dernier utilisa d'abord de vieux journaux. Les feuilles se déchirèrent au contact de la peau rugueuse. Il prit alors du papier plus épais, du papier bristol, du papier gris, du papier boucherie, du papier kraft, du papier imperméabilisé, du papier goudronné : rien n'y fit, et notre doux obsédé commençait à avoir une mine de papier mâché. Il parvint cependant à envelopper plusieurs fois le mastodonte, à ficeler le paquet avec un délicat ruban, et à pouvoir enfin s'extasier… Mais cela ne durait jamais très longtemps, car, à peine avait-il faim ou envie d'uriner, d'éternuer ou de s'étirer, que le mammifère brisait le paquet et jaillissait comme un diable de sa boîte, en barrissant joyeusement. Le gentleman commença à fabriquer des échafaudages, à apporter des grues, des ascenseurs, de monumentales empaqueteuses aux mécaniques complexes et sophistiquées. En vain ! L'éléphant ne voulait pas se laisser faire : au moment le plus crucial de l'opération, il se mettait à danser, à donner de grands coups de trompe et réduisait tout en miettes. Pour les voisins, la situation devint vite intolérable : de nuit comme de jour, les murs de la maison tremblaient, résonnaient de sinistres barrissements, des vitres éclataient, les pavés de la rue se descellaient et le hurlement des bébés insomniaques brisait les nerfs ! Décidés d'en finir, certains voisins se rendirent même à la maison du maniaque pour l'aider à terminer sa tâche. Ils furent bien reçus, mais très vite ils comprirent l'inutilité de leur démarche : une armée entière n'y suffirait pas, jamais l'éléphant ne se laisserait empaqueter. Ils conseillèrent à l'obsédé de tuer l'animal ; un cadavre pouvait être enveloppé aisément, même avec le plus fragile des papiers de soie. Il s'y opposa formellement, alléguant que l'animal mort pourrirait et que ce qui l'intéressait c'était de le garder vivant, dans un paquet et… et pendant toute sa vie !

11

L'archer assassin

Un archer voulait que ses flèches soient capables de transpercer une armée entière. Il y travailla des années. À la fin, après avoir accompli des progrès surhumains, l'âme lourde de haine, il banda son arc et décida de porter le coup le plus meurtrier de toute l'histoire de l'humanité. La corde tendue siffla et la flèche jaillit avec une telle énergie qu'elle fit le tour de la planète et vint se ficher dans son dos.

12

Le grand voleur

Pour pouvoir remplir sa maison de meubles et d'objets aussi peu utiles que fonctionnels, et qui ne servaient qu'à impressionner ses amis ou à les rendre envieux, un homme se fit voleur. Ce qui au début n'était qu'une illusoire nécessité, devint par la suite un plaisir et finalement un vice : chaque nuit, il devait pénétrer dans des maisons étrangères et voler, sous peine de tomber malade. Un jour, la foudre tomba sur la centrale électrique et toute la ville se retrouva plongée dans l'obscurité. Notre voleur se réjouissant d'une telle aubaine, célébrant à sa façon l'événement, parcourut les rues de son quartier, profitant du chaos passager, pour accomplir en toute tranquillité ses sinistres forfaits. L'obscurité était si dense qu'il finit par se perdre. Guidé par une ouïe très développée, il choisit une maison où l'on n'entendait aucun bruit et y pénétra facilement par une fenêtre. Il remplit son sac avec ce que son avidité tactile lui conseillait d'emporter. Puis, il laissa sa signature : sur ce qu'il supposait être un tapis des plus fins, il déposa un superbe étron. Mais ceci ne lui suffit pas : lançant des rires sardoniques, il mit le feu aux rideaux ; l'incendie se propagea bientôt dans tout l'appartement. Le voleur s'enfuit pour s'asseoir dans la rue et contempler le surgissement des premières flammes. Tout à coup, un cri sourd lui râcla la gorge, des larmes amères coulèrent sur ses joues : désorienté par l'obscurité, il avait cambriolé sa propre maison…

13

Mors mord more dogs

Il était une fois un couple sans enfant qui aimait les animaux. Il s'appelait Juan, elle s'appelait Carmen. Ils vivaient dans une petite maison, un peu à l'écart de la ville. Un jour, un chien errant s'approcha pour quémander quelques rognures. Il était si famélique, mais si sympathique, que le couple s'attacha à lui et l'adopta. Très vite arrivèrent deux autres chiens. Ils les recueillirent. La maison résonnait d'aboiements joyeux qui attirèrent d'autres toutouperdusancolliers. Le couple ramassait maintenant tous les chiens abandonnés qu'il trouvait. Il y en eut bientôt une trentaine à gambader dans les couloirs et les pièces du petit pavillon. Ils étaient bruyants, turbulents, gros mangeurs, prenaient beaucoup de place, mais Juan et Carmen ne se décidaient pas à les expulser : très affectueux, ils étaient totalement dépendants de leurs maîtres et hors du foyer seraient sans aucun doute morts de faim. Très vite, ils furent une centaine ! Leurs amis ne vinrent plus les voir : les réunions agrémentées de coups de langue, d'excréments, de pattes aux maladroites caresses et d'incessants mouvements de queue, attestant une insupportable euphorie canine, devenaient impossibles… Ils dépensèrent tout leur argent en os, en rognures et en boîtes de pâtés pour chiens. Et lorsque le chiffre de deux cents quadrupèdes, copulant sans cesse, fut atteint, ils se retrouvèrent dans la misère. Ils allaient de maison en maison, demandant qu'on leur prête de l'argent ou qu'on leur donne quelques déchets pour nourrir leurs animaux. Ils ne savaient plus le nombre exact des bêtes qu'ils possédaient, peut-être quatre cents, mais autour d'eux, un océan de corps quémandeurs, suffocant, haletant, grognant, s'allongeait. Un jour, le couple se retrouva sans un sou : les voisins ne voulaient plus leur en prêter, parce que les jappements perpétuels les empêchaient de dormir. Les chiens, affamés, devenaient enragés. Désespérés, Juan et Carmen ouvrirent les portes pour voir si leurs protégés allaient s'en aller et essayèrent, en vain, de les chasser à coups de bâton… Les chiens, voraces et furieux, les dévorèrent. Du couple si bon, il ne restait plus que quelques hardes ensanglantées et quelques os épars polis par la bave acide des langues gloutonnes.

14

Le fou et l'ermite

Un citadin, qui était devenu fou, prit une houlette, un sac bourré de morceaux de pain et partit à travers les bois, les vallées et les montagnes. Les ronces firent de ses vêtements des haillons, le soleil tanna sa peau et les pierres rongèrent la semelle de ses chaussures. Véritable épouvantail à moineaux, il poursuivait les papillons et rêvait de voleter avec eux. Cependant, au plus profond de son apparente misère brillait une étoile : un lumineux sourire. L'allégresse émanant de cette expression était si grande que les insectes venaient buter contre ses dents, comme attirés par l'incandescence du feu... Une nuit, il passa près d'un tronc creux où vivait un ermite. En voyant le fou, le vieillard s'inquiéta : « Cet homme ne voit pas la terre ; le sol est parsemé de chausse-trapes, d'épines et de précipices : je dois le sauver ! » Il prit une lampe à l'huile et voulut la donner au fou. Celui-ci, croyant qu'il s'agissait d'un papillon plus lumineux que les autres, voulut se saisir de la flamme, mais comme il se brûla, il jeta le précieux ustensile. Voyant qu'on ne pouvait pas raisonner avec lui, l'anachorète abandonna sa retraite pour marcher devant l'extravagant et lui ouvrir ainsi le chemin. Après un certain temps, il regarda derrière lui et consterné s'aperçut que le fou avait depuis longtemps cessé de le suivre pour courir après les lucioles. Il le retrouva gesticulant dans un marécage, plus préoccupé de sauver les vers luisants qu'il tenait dans sa main, que de ne pas se noyer. Le vieux le rattrapa avec une branche, le lava, le sécha, et quand le dément voulut repartir, têtu comme tous les sages qui veulent toujours terminer ce qu'ils ont commencé, il lui éclaira une nouvelle fois le chemin, mais au lieu de lui tourner le dos, il avança, cette fois, à reculons. Il obtint un magnifique résultat : l'insensé, obsédé par ce point lumineux qui brillait devant lui, courut de plus en plus vite. Haletant, l'ermite reculait, utilisant au maximum la faible musculature de ses jambes squelettiques. Ils arrivèrent devant un précipice. L'ermite, qui n'avait pas d'yeux derrière la tête susceptibles de l'avertir du danger, tomba dans l'abîme. Le fou, toujours souriant, repartit au fond des bois à la recherche d'autres feux follets.

15

La femme au cœur argenté

Sur une plage perdue à côté de la mer des Caraïbes, un indigène vivait de la pêche. Ses soirées solitaires, il les passait à boire lentement du lait de coco, en se demandant pourquoi, comme tous les autres, il n'avait pas de femme. Quand la lune se montrait, il lui faisait toujours la même réponse. « Je veux une compagne simple et brillante. Je la veux humaine et divine. Je veux que dans la nuit obscure elle illumine mon chemin. » Pour passer le temps, il cultiva des pastèques. Elles devinrent énormes. Il les chargea sur son âne et alla les vendre au petit marché du village. À midi survint un Indien accompagné d'une femme étrange : elle ne devait pas avoir plus de vingt ans, ses cheveux étaient argentés et ses yeux si brillants que le regard se posait sur une tache de lumière. L'indigène s'écria : « Comme la chevelure de cette femme est étrange ! » L'Indien lui répondit : « Et bien plus étrange son cœur, parce qu'il est aussi en argent ! » L'indigène : « Où naissent des femmes si merveilleuses ? » L'homme : « Dans un village de sorciers, derrière les montagnes. Celui qui se marie avec l'une d'entre elles trouve la paix, l'amour, la sagesse, le pouvoir. » Il ne voulut rien dire d'autre. L'indigène cria : « Je rencontrerai une telle femme ! » Il abandonna son âne, ses pastèques et partit dans les montagnes. Il traversa des vallées, des bois, des déserts, mille villages. Il chercha durant des années et des années. Une barbe immense lui poussa, il se couvrit de haillons, et ceux qui ne le connaissaient pas pouvaient le prendre pour un fou. Les paysans riaient sur son passage : « Ha, ha ! Il cherche la femme au cœur argenté ! Il ne la trouvera jamais ! » Il finit par penser que la rencontre du marché n'avait été qu'un songe. Déçu, il voulut retourner à sa plage pour vivre nu parmi les rochers en mangeant des coquillages. Un jour, il vit une femme descendre de la colline. Elle avait une longue chevelure argentée. Quand elle arriva à côté de lui, elle lui dit : « Les sorciers m'envoient parce que tu as tout laissé pour moi. Je t'appartiens ! » Il marmonna : « Tes cheveux sont faux : tu les as peints. Et ton cœur, ton cœur, doit être rouge ! Je te percerai à jour ! » Brusquement, il lui enfonça un poignard dans la poitrine pour ouvrir un sillon et en extraire le cœur. Il était argenté ! Il cria : « J'ai retrouvé la foi ! Je vais enfin trouver la paix, l'amour, la sagesse et le pouvoir ! » Mais il était trop tard, la femme était morte.

16

L'autruche, le sorcier et le chien

Un Indien étrange, au regard si pénétrant que personne ne se serait risqué à le défier, était assis à côté d'une autruche. Ceux qui passaient par là, pensant que c'était un mendiant, lui lançaient des pièces de monnaie. Mais il ne les ramassait jamais. Une femme, curieuse, s'arrêta à côté du drôle d'oiseau, caressant Lord, son chien d'appartement. Ce dernier, protégé par l'ombre opulente de sa maîtresse, commença à se moquer de cet animal si bizarrement emplumé : « Ah, que tu peux être ridicule, regardez-moi ces longues jambes toutes tordues ! Si j'étais à ta place, je me cacherais pour que personne ne puisse voir mes pattes, quelle horreur ! » Le sorcier comprenait le langage des animaux. Il parla au chien : « Je sais que tu es intrépide : je connais un lieu où il y a des millions d'os délicieux et des armées de chiennes en chaleur, les plus attirantes de toute la planète. Tu veux venir avec nous ? » Jappant à mi-voix, il répondit : « Cette nuit même je m'échapperai et nous partirons ensemble à leur recherche. » À minuit, Lord était devant eux, remuant sa queue, très excité. Le sorcier psalmodia quelques paroles obscures et, soudain, ils se retrouvèrent au cœur d'une région désertique. Utilisant ses jambes puissantes, avec l'homme monté sur son dos, l'autruche avançait à grandes enjambées, dévorant littéralement les kilomètres. Le chien les suivait comme il pouvait, suant à grosses gouttes. Après plusieurs jours de marche forcée, sans véritable halte, Lord était au bord de l'agonie. « Pitié, s'exclama-t-il, je n'en peux plus, je vais mourir ! » L'Indien lui répondit : « Je ne comprends pas, que t'arrive-t-il, tu es fatigué ? » Le chien regarda avec envie les pattes de l'autruche. « Ah, je vois, tu meurs parce que tu n'as pas ces pattes ridicules ! » Le quadrupède se mit à pleurer : « Pardonne-moi, maintenant je me rends compte qu'elles sont belles ! Je n'aurai plus honte d'en posséder de semblable… » Le sorcier fit un geste et le chien, à l'instant, fut pourvu de quatre pattes d'autruche. Il sauta de joie ! Courut à travers les dunes ! Le sorcier fit un autre geste et Lord, orgueilleux, se retrouva devant sa maîtresse. Mais sa réaction ne fut pas celle qu'il avait escomptée ; il en attendait des soupirs d'admiration, et celle-ci, prise d'une soudaine crise d'hystérie, le flanqua dehors en poussant d'horribles petits cris de dégoût et de terreur. Quand la ville entière eut bien ri de « l'avorton », l'étrange Indien rompit l'enchantement. Depuis ce jour, le chien se fit humble et ne jugea plus jamais personne : il avait compris que les impressions subjectives ne sont pas la réalité.

17

Le miracle et le perroquet

Dans une contrée éloignée – négligence des gouvernants, mollesse des paysans, les deux à la fois ? –, la terre devint un jour si aride qu'elle se révéla bientôt impropre à toute forme de culture et permit l'installation, en reine incontestée, de la sécheresse… Dans une région voisine vivait un saint qui avait développé une technique mystique capable de produire des mutations dans la matière, et cela à volonté. Par une simple prière il pouvait transformer le sable en eau… Les assoiffés-desséchés lui envoyèrent leur sorcier pour qu'il étudie avec lui. Quand le nécromancien, couvert de hardes, arriva enfin à destination, il trouva une foule bigarrée massée devant la porte du temple. Chaque village avait envoyé son émissaire, le chargeant de retenir le miracle susceptible de les sauver et de pallier la gabegie gouvernementale. Le gourou ne pouvant passer des siècles à enseigner, parce que sa transmission était directe, n'acceptait qu'un seul disciple à la fois. À cette allure, calcula le sorcier, quand mon tour arrivera, tant d'années se seront écoulées que mon village sera déjà enfoui sous des tonnes de poussière… Un perroquet, animal favori du saint, vint se réfugier sur la cime d'un arbre. Notre sorcier s'approcha du psittacidé et humblement l'implora de lui donner le secret de son maître. L'animal, perroquet jusqu'au bout du bec, répéta tout ce qu'il avait entendu. Le sorcier en prit bonne note, partit dans le désert et expérimenta ce que l'oiseau venait de lui apprendre. Le miracle se produisit ! Il retourna joyeux dans son village, réunit ses habitants, enfonça la main dans un sillon, en préleva une poignée de sable, la mit dans une bouteille, pria : le sable se transforma en eau. Les poumons desséchés exhalèrent un murmure d'émerveillement ! Puis ils demandèrent : « Parle-nous de ce saint homme qui fut ton maître ! »… Ce à quoi le sorcier répondit : « Je ne l'ai jamais rencontré : c'est à son perroquet que je dois mon art ! »… La foule poussa des huées de colère. Comment était-ce possible d'apprendre quoi que ce soit d'un perroquet ? Ils le traitèrent d'escroc, de blasphémateur, d'hérétique et de beaucoup d'autres choses, tant et si bien qu'emportés par la colère, ils le lapidèrent. Peu de temps après, tous moururent de soif.

18

Les chercheurs d'or

Un couple eut deux enfants, des jumeaux. L'un était fort et l'autre faible. Comme tout lui réussissait merveilleusement et lui semblait très facile, le plus fort s'adonna à la paresse. Le plus faible, luttant contre ses propres limites, étudia avec l'espoir d'arriver à se défendre dans la vie. Un jour, il apprit que dans une région montagneuse l'or abondait. Il réunit donc ses maigres économies, fit ses adieux à ses parents et partit dans les montagnes. Son frère, tout occupé qu'il était à devenir champion de billard, n'y prêta guère attention. Le temps passa. L'étudiant travaillait sans relâche et nettoyait pépite après pépite. Il revint chez lui énormément riche. Son frère, mort d'envie, lui dit : « Moi aussi je veux triompher : si tu es vraiment mon frère, tu dois me dire où est cet or ! » L'opiniâtre lutteur n'était pas égoïste : il lui donna une carte de la région et lui offrit même l'argent nécessaire pour le voyage. Loin de se confondre en remerciements, le paresseux s'élança avidement à la recherche du métal jaune. En arrivant dans les montagnes, la première chose qu'il fit fut de se faire construire une confortable cabane et de remplir le garde-manger de toutes sortes de provisions. Quand il faisait trop chaud ou trop froid, il restait sans sortir à écouter de la musique. Un jour, par je ne sais quel heureux hasard, il trouva un filon aurifère. Excité, il fouilla, gratta et en arracha beaucoup de pépites. Mais sa joie devint bientôt de la haine : « Quelle chance a mon frère : son or est brillant, jaune, doux ! Le mien est un métal plein d'impuretés ! Toutes ces pépites sont sales ! » Et, jetant ce qu'il avait trouvé, il retourna à la ville les mains vides.

19

L'alpiniste et l'aviateur

Dans cette région montagneuse, il y avait un pic qui dépassait les plus hauts sommets. Point sublime d'où l'on pouvait observer le paysage sauvage couvert de rochers et de neige. Au pied du monstre, arriva un jour un alpiniste. Malgré les dangers mortels que faisait courir à celui qui la tentait une telle expédition, l'homme prépara son harnachement, étudia les parois, ajusta son esprit aux aspérités coupantes du granit pour finir, avec foi, courage et volonté, par enfoncer le premier clou d'acier et commencer son ascension. Mille fois, il fut sur le point de perdre la vie, mille fois il glissa, perdant ainsi le peu de centimètres qu'il venait de gagner, mille fois la tentation de l'abandon lui mina l'esprit. Après plusieurs heures, son corps réclamait du repos mais il refusa de le lui donner. La roche se fit impénétrable, glissante ; le soleil la rendait brûlante ; la glace mortelle ; il l'ouvrait sans relâche, en asséchait l'humidité avec son haleine, la laissait lui brûler la peau, mais jamais, jamais, ne cessait de monter. Il fabriqua sa conquête lentement et pas à pas toucha le sommet. Avec une immense émotion, exténué, il regarda le paysage. Ce qui avait été sauvage lui semblait maintenant délicieux, et la neige, un miroir de merveilles. Il se considérait payé de ses efforts, et le plaisir de la réussite fut tel qu'il put voir des bêtes magiques, des signes cabalistiques et des messages sur chaque pierre et dans chaque ombre. Il remercia Dieu d'une telle beauté !... Un aviateur qui avait suivi cet exploit éclata de rire. Comment une telle stupidité était-elle possible ? Se donner un travail dément pour arriver à une cime abrupte, quand il lui suffisait à lui de quelques minutes pour dominer ce qui avait coûté tant de jours de fatigue à l'autre ! Il mit le moteur de son hélicoptère en marche, décolla, en un clin d'œil atteignit le sommet et vint atterrir à côté de l'alpiniste. Le visage illuminé par le sourire de la toute-puissance, il le regarda dans les yeux : « Partons d'ici, mon ami ! Je ne comprends pas comment tu peux rester des heures assis au milieu du froid cruel, à admirer les roches acides, la neige insipide et le paysage insignifiant ! »... Comme l'alpiniste n'y faisait pas attention, l'aviateur retourna dans son hélicoptère sans comprendre ce qui pouvait plonger son ami dans une telle extase.

20

Le prophète inculte

Le bal somptueux battait son plein et le salon était plein à craquer… Chacun abordait le sujet qui lui semblait le plus important : les chasseurs parlaient de leurs proies, les militaires de leurs médailles, les vieilles du temps, les commerçants de l'argent, les célibataires du sexe, les obèses de la nourriture, les dames de leurs titres nobiliaires, quelques jeunes de la célébrité et beaucoup de joueurs de leurs miracles au casino. Le salon, dangereusement vétuste, parce qu'il avait supporté, durant sa longue existence, un nombre incalculable de réunions, de banquets, de cocktails et autres réceptions diverses, avait les fondations quelque peu abîmées. De temps en temps, en guise de plainte, il émettait de sinistres craquements. Mais aucun invité ne voulait en tenir compte : l'idée d'un éboulement leur semblant aussi aberrante qu'hérétique, ils l'expulsaient de leurs esprits. Un paysan qui passait par là se rendit immédiatement compte de ce qui allait arriver. Comme ils ne le laissèrent pas entrer, il écrivit sur un papier : « Atention le zalon va tomber ! », et lança son avertissement par une fenêtre. Les commensaux ramassèrent le message et éclatèrent de rire : « Il écrit attention avec un seul t », « et salon avec un z ! », « Ha, ha, ce pécore ferait mieux de retourner à l'école ! »… Mais soudain les poutres cédèrent, et le toit s'écroula sur maîtres et valets, les écrasant dans un infernal déchirement de bois et d'argile. Notre prophète écrivit à la craie sur un pan de mur : « Je leur avè di »… Mais personne n'avait plus de dents pour rire de ses fautes d'orthographe.

HISTOIRES DE TRIOMPHATEURS

« Tu es prête ?
– Je l'ai toujours été. Seulement tu ne me l'as jamais demandé.
– Je ne demande jamais. Je prends.
– Prends.
– Quand je serai prêt. Pas maintenant. »

Mickey Spillane,
Le Serpent

21

Le vampire subversif

À la tombée de la nuit, le père et la mère vampires ouvrirent le couvercle du petit cercueil et réveillèrent leur fils, vampire également, pour lui raconter l'horrible mort de ses grands-parents : restés trop longtemps hors du château, le soleil les avait surpris et réduits en cendres. L'enfant versa de grosses larmes et, montrant ses petites quenottes pointues, s'écria : « Je me vengerai ! Tu me le paieras, soleil ! » Par un trou creusé dans le mur, il fit sortir un tuyau d'arrosage avec lequel il voulait asperger l'astre roi. Mais bien que le liquide atteignît une hauteur incroyable, sa tentative échoua. Il était bien décidé à recommencer. « Aussi loin que tu sois, je t'atteindrai ! », lança-t-il rageusement. Ses proches commencèrent à se moquer de lui : « Il est fou ! Il n'y arrivera jamais ! » Le groupe des vampires aristocrates s'offusqua : « Pendant des millénaires le soleil nous a réduits en poussière ! Quel est-il celui-là pour s'opposer ainsi à un astre si puissant ? » Notre vampire ne fit pas attention à ces remarques désobligeantes. Il fabriqua un chariot imperméable à la lumière et transporta des milliers de litres d'eau jusque sur la cime d'une montagne et, de là, essaya d'atteindre le soleil. Il échoua. Il recommença. En plein jour, cette fois, protégé par une simple bâche, il lança vers le soleil une fusée-extinctrice qui éclata dans la stratosphère avant d'avoir atteint son objectif. Les vampires applaudirent : « Bravo, le dément a encore échoué ! Un contestataire de cette espèce, il faudrait le mettre au ban de notre société ! Pourquoi ne se plie-t-il pas aux règles que nous suivons tous ? » Après des milliers et des milliers de tentatives inutiles, notre vampire, regardant en direction du soleil qui brillait plus que jamais, pleura : « Ils ont raison : je ne pourrai jamais l'éteindre ! Peu m'importe de mourir ! » Il ouvrit les bras en pleine lumière, avec la ferme intention de se laisser calciner par le soleil d'airain. Rien n'arriva ! Dans la puanteur et l'obscurité du château, les vampires traditionalistes s'assombrirent : « Notre ennemi ne le condamne pas ! Il est immunisé contre le soleil ! Quelle rage ! »

22

L'humble guerrier

Un jour, des gens demandèrent à un guerrier invaincu, si ce n'est invincible, pourquoi il se promenait ainsi dans les rues, avec un air simple et humble, correspondant si peu à son rang. Il étendit une main bien ouverte et dit : « Mes doigts sont cinq seigneurs ! Ces cinq seigneurs s'inclinent devant moi ! » (Et il serra sa main jusqu'à ce qu'elle devienne un poing fermé.) « Plus ils se feront humbles et plus ils seront forts ! »

23

L'enfant riche et l'enfant pauvre

À côté du palais, dans une misérable cabane, vivait un couple de concierges. Leur enfant, faute d'éducation, s'était développé avec certaines déficiences mentales. Il n'était pas exactement fou, mais résolvait les problèmes avec lenteur et peu d'imagination. Au contraire, le fils de la riche famille voisine avait eu les meilleurs maîtres de la région ; il était éveillé, imaginatif et résolvait les difficultés avec une étonnante célérité. Les deux enfants avaient l'habitude de jouer dans les splendides jardins de la propriété. Un jour, ils se battirent. Le plus riche décida de provoquer son rival en un duel mortel. Chacun attaquerait l'autre avec une arme de son invention. Ils se donnèrent trois mois de délai. Le plus fort s'enferma dans ses laboratoires et, avec le savoir qu'il avait acquis, commença à fabriquer une arme. Il ne l'avait pas encore achevée qu'elle lui parut manquer déjà d'efficacité et il chercha autre chose. Il avait en projet un engin plus destructeur encore. Mais avant de le terminer, il avait imaginé quelque chose de plus terrifiant encore… Pendant trois mois, il ne fit qu'améliorer la puissance mortelle de ses inventions. Quand le délai prit fin, il se trouva avec un laboratoire encombré d'armes terribles mais inachevées. « De toute manière, je les emporterai avec moi, et ce pauvre bougre, rien qu'à leur vue, effrayé, implorera grâce à genoux… » La rencontre eut lieu dans le jardin. L'enfant misérable, comme il n'avait ni laboratoire, ni instruction, ni imagination supérieurement développée, avait passé les trois mois enfermé avec un sac de pierres. Des heures et des heures durant, il avait affiné son tir et développé ses forces. Une seule pierre lui suffit pour détruire, d'un seul coup, tous les appareils.

24

Le dernier poisson

Un modeste charpentier, qui devait nourrir sa femme et ses cinq enfants, était préoccupé par l'avenir : très vite il vieillirait et, tôt ou tard, ses rejetons mourraient de faim. Un après-midi, angoissé, il sortit se promener dans les rues de son misérable quartier. À un coin de rue, il rencontra un vieux en haillons, agenouillé, qui souriait comme s'il était habité par toute la félicité du monde. Le charpentier, en le voyant si optimiste dans ce corps squelettique, lui demanda : « Comment peux-tu te sentir si bien ? » Il lui répondit : « C'est que je possède un don : celui qui prend soin de moi et m'héberge aura toujours de la nourriture pour toute sa famille ! » L'ouvrier le crut et lui offrit l'hospitalité. Les jours passèrent. La situation ne s'améliora pas ; au contraire, le travail se faisait de plus en plus rare. Le vieux mangeait et buvait, se goinfrait sans se soucier de la situation alarmante dans laquelle étaient plongés le charpentier et sa famille. Quand l'épouse demandait au mari d'exiger de son invité qu'il limite un peu son appétit, le vieillard invariablement lui répondait : « Allons, ne t'inquiète pas : tant que tu m'offriras l'hospitalité, jamais tu ne mourras de faim ! » Un jour, le charpentier eut un accident et ne put plus retourner travailler. Avec tout ce que le vieux dévorait, leurs maigres économies s'envolèrent en fumée et, en deux jours, il ne leur restait plus qu'un petit sou. La femme, en pleurant, ne put acheter qu'un misérable poisson. Arrivée à la maison, elle dit à son époux : « Nous n'avons plus que cela à nous mettre sous la dent ! Nous n'avons rien d'autre à manger ! Oblige ce misérable à s'en aller ! » L'homme cria au vieillard : « Tu nous as assez trompés comme cela maintenant ! Fous le camp d'ici ! » Il sourit : « Je t'avais dit que tu trouverais toujours quelque chose à manger quand je serais là : aujourd'hui tu as un poisson ! » En entendant cela, furieux, le charpentier se mit à frapper, frapper le mendiant, qui en mourut. Ils le jetèrent aux ordures et s'assirent pour manger. En coupant le poisson, ils trouvèrent dans son ventre une bague ornée d'un énorme diamant. Il représentait une telle fortune qu'ils purent vivre grassement jusqu'à la fin de leurs jours. Repentants, ils offrirent au mendiant une belle petite tombe et érigèrent dans la maison un autel domestique à la mémoire du vieillard.

25

L'artiste mutilé

Au pays des médiocres naquit un artiste. Son besoin d'expression était vital, essentiel et, rapidement, il finit par trouver un vieux piano sur lequel il parvint à jouer de sublimes concerts. Sa profession de pianiste éveilla une telle jalousie, que très vite les citadins, par le biais de la calomnie, arrivèrent à le faire jeter en prison et là, lui coupèrent le bras droit. Le manchot souffrit un temps, mais son monde intérieur le contraignant à se reprendre, il commença, avec une main, à fabriquer des gâteaux qui étaient de véritables chefs-d'œuvre ; aux formes, aux goûts et aux couleurs incomparables. Les médiocres se liguèrent contre lui et lui coupèrent l'autre bras. Ainsi mutilé, l'artiste ne se laissa pas abattre et devint un grand danseur. Ils lui rognèrent la jambe droite ! Le boiteux s'enferma dans une chambre, avec des toiles, de la peinture à l'huile et des pinceaux et apprit à peindre avec un pied. Il ne possédait alors qu'un public d'enfants parce que leurs cœurs ne connaissent pas la jalousie et savent accepter la valeur de l'autre. La meute des rancuniers lui coupa la jambe gauche ! Il devint chanteur d'opéra ! Ils lui coupèrent la langue ! Il prit un pinceau entre les dents et créa de fantastiques dessins. Ils lui arrachèrent les dents. Il trouva une machine à écrire et, tapant sur les touches avec le nez, il écrivit des odes, des sonnets, des contes, des romans : la littérature lui livra son mystère. Ils lui coupèrent le nez ! Il se traîna alors sur de la poussière de couleurs et, le corps enduit de graisse, se frottant contre une toile, il fit de merveilleux tableaux abstraits. Enragés, ils ne pouvaient en supporter davantage : ils l'assassinèrent ! Dans son testament, il avait couché un souhait que les enfants, devenus adolescents, exécutèrent religieusement : avec ses intestins ils fabriquèrent des cordes de violon ; avec sa peau tendue ils firent un tambour ; avec ses os des flûtes ; avec ses cheveux un étui pour un harmonica et, avec ses restes broyés, ils obtinrent de la cellulose pour le blanc papier où imprimer ses vers. Ces écrits et ces instruments éliminèrent un peu de la médiocrité ambiante.

26

Les deux guérilleros

Il y avait déjà très longtemps que le vieux dictateur avait usurpé le pouvoir grâce à un sanglant coup d'État. Cependant, protégé par des montagnes, des bois et une obscurité d'encre, deux frères guérilleros le combattaient inlassablement. Depuis leur plus jeune âge, ils avaient appris le maniement des armes et ne se séparaient jamais de leurs mitraillettes. On les considérait comme invincibles. Un jour, ils décidèrent d'attaquer un village de propriétaires terriens qui affamaient leurs paysans avec l'aide et sous la protection de l'armée. L'exploiteur le plus impitoyable avait une fille qui était la femme la plus belle du pays : elle ne s'était pas encore mariée, parce qu'elle ne voulait se donner qu'à un homme qu'elle admirerait et, sous cette dictature, excepté le chef, qui était vieux et ventripotent, tous courbaient l'échine… Un des frères, en la voyant de loin, en tomba éperdument amoureux. Il alla voir son père et la demanda en mariage. Celui-ci, effrayé par la force qui émanait du guérillero, lui dit : « Ma fille est un être délicat, et en vous voyant avec cette armure meurtrière elle pourrait s'évanouir. Présentez-vous désarmé devant elle et vous obtiendrez ce que vous désirez. » Le jeune homme accepta immédiatement. Les autres, voyant qu'il était sans défense, le tuèrent à coups de bâton… Le second frère, inquiet, se rapprochant pour observer ce qui se passait à l'intérieur de la riche demeure, aperçut la jeune femme et en fut, sur-le-champ, éperdument amoureux. Il demanda sa main. Le père voulut lui tendre le même piège. Le guérillero répondit qu'il reviendrait nu, enveloppé dans une cape. Il tint sa promesse. Un groupe de soldats l'attendait. Le héros lança sa cape au sol, dévoilant ainsi que non seulement il était armé de sa mitraillette mais qu'il portait aussi un ceinturon chargé de grenades avec lesquelles il fit sauter les militaires ; n'écoutant que son courage, il sauva la jeune fille des décombres et l'enleva. Elle, qui avec la cruauté propre à sa classe s'était moquée si injustement de son frère, en voyant la force du guérillero, se donna à lui, pleine d'admiration, pour toute la vie.

27

Le sein cosmique

Sur une montagne, au cœur du ciel, se développa un jour un immense sein. L'endroit était désertique et se trouvait au centre d'une région aux terres pauvres, dont les habitants ne survivaient qu'au prix de travaux épuisants et de lourds sacrifices. Sur le mamelon brillait une goutte de lait ! Les paysans squelettiques grimpèrent jusqu'au sommet et, l'un après l'autre, burent du liquide béni. Chacun tétait goulûment, accroché comme une hyène à la sensibilité de la chair, jusqu'à ce qu'un autre, à coups de poing, ne l'en détache, pour accaparer à son tour le précieux aliment. À peine les disputes avaient-elles éclaté que la source lactée se tarit ! Quand les esprits se calmèrent, le sein de nouveau répandit de son précieux liquide ! Avançant maintenant en file indienne, ils limitèrent bientôt le temps de succion à une minute. La colonne était si longue, que la plupart, pour obtenir leur gorgée, devaient attendre des mois, et le sein ne pouvait dispenser sa céleste manne qu'à une seule bouche à la fois ; tout autre moyen aurait inévitablement provoqué les furies du tarissement... Tous ne pouvant boire, on décida que personne ne boirait ! Avant ce fantastique événement ils avaient vécu tranquilles, acceptant leur sort mais maintenant, face à cette inaccessible abondance, la vie leur parut si amère qu'ils en oublièrent même le peu qu'ils possédaient. Puis vint la famine. Soudain, l'idiot du village escalada la montagne et cria : « Égoïstes : chacun d'entre vous n'a pensé qu'à se remplir la panse, mais en vérité je vous le dis : je ne désire rien qui n'appartienne à tous ! » Et, enfonçant nerveusement ses ongles dans les ombres de l'aréole cosmique, il suça avidement le mamelon, non pour boire le lait, mais pour le laisser se répandre sur le sol. Rapidement, des ruisseaux de lait descendirent du mont sublime et creusèrent des ravines. L'idiot n'en finissait pas de téter ; bientôt un épais fleuve blanc inonda la région. Les terres desséchées burent avec avidité et les déserts devinrent des vergers. Le pays tout entier ne fut bientôt plus qu'un immense jardin. Les habitants cueillirent les fruits et se vautrèrent dans la nourriture, le bonheur et la joie. Sur le mamelon, bouche ouverte, l'idiot gisait mort d'épuisement, mais le miel lactescent, à gros bouillons d'aurore, coulait toujours.

28

Le marchand de lampes et de nez

Dans cette ville, les maisons n'avaient pas de fenêtres : on aurait dit des cubes noirs. On n'y connaissait pas la lumière ! Dans les rues circulaient des fleuves de ténèbres parce que l'atmosphère contaminée formait un bouclier impénétrable aux caresses du soleil. Les habitants de ce monde n'avaient pas de nez. S'y sentant heureux, ils habitaient dans l'ombre perpétuelle et n'étaient préoccupés que du désir de travailler pour se remplir la panse et satisfaire leurs désirs sexuels. Un beau jour, apparut un vieillard qui cria : « Je vends des lampes et des nez ! » Un citadin qui passait par là se sentit attiré par l'éclat des yeux de l'étranger qui brillaient dans le noir comme deux lucioles. Il acheta une lampe, se mit un nez et retourna dans l'espace confiné du cucibulum. À peine avait-il fermé la porte qu'une odeur insupportable, traversant ses fosses nasales, lui causa une vive douleur dans la région du cerveau. Il alluma la lampe. Ce qu'il avait cru être une pièce propre, tranquille, agréable, n'était qu'un infect repaire d'araignées, une décharge, un tas d'ordures, de pourritures et d'immondices ; les meubles étaient vermoulus, des taches de graisse imprégnaient murs et plafonds, des excréments de rats puants jonchaient le sol. Il ne put rester une minute de plus dans cette porcherie ! Il parcourut les rues à la recherche du vieillard et, lorsqu'il l'eut retrouvé, lui lança en pleine figure : « Misérable, qu'as-tu fait de mon élégante maison ? J'y vivais bien, comme tout le monde, mais à peine ai-je passé ce nez et allumé cette lampe que mon monde s'en est trouvé bouleversé. Pourquoi tant de méchanceté ? » Le marchand répondit : « Ton monde n'a pas changé : il est comme ça ! Avant tu ne te rendais pas compte et tu croyais être bien dans un endroit putride qui tôt ou tard t'aurait détruit. Lorsqu'on acquiert de nouveaux organes et que la lumière se fait, nous souffrons parce que nous voyons ce que nous sommes réellement et non ce que nous imaginions être. Maintenant que tu connais ta réalité, tu dois ouvrir les fenêtres, tuer les parasites, laver les murs, désinfecter l'atmosphère, faire place nette, alors tu seras heureux. Aussi, donne la lampe et le nez à un autre citoyen, jusqu'à ce que la ville entière, propre, se défasse de sa carapace vénéneuse et laisse entrer l'infinie lumière du soleil ! »

29

La vraie richesse

Dans ce petit village de pêcheurs, survivant chichement de la culture du maïs, un millionnaire, qui avait décidé de fuir l'air impur des grandes villes, se fit construire une hacienda en y remplaçant les traditionnelles écuries pour les chevaux sauvages par cinquante garages destinés à abriter sa collection de voitures de luxe. Les merveilleuses automobiles remplirent d'admiration le village parce qu'on n'y connaissait qu'une vieille guimbarde rafistolée par le forgeron, et dont les explosions rappelaient davantage les déplacements gazeux dans les circonvolutions intestinales que les combustions internes du moteur à quatre temps. Les cinquante voitures, resplendissantes comme des soleils dans leur mausolée rustique, remplirent d'orgueil le maire et les paysans, tant et si bien qu'ils regardèrent bientôt avec le plus grand mépris le vieux tas de ferraille du forgeron, aussi inutile qu'encombrant. La nouvelle se répandit dans toute la région et le village devint un lieu de pèlerinage où les paysans, polis et obséquieux, finirent par vouer un véritable culte à ces puissantes, admirables et divines machines. Le propriétaire accepta même avec un plaisir certain les hommages qu'on lui rendit, ne dédaigna pas la médaille de la mairie – offerte au nom « du bien qu'il avait fait au village » – ni ne rejeta le discours officiel où on le remerciait d'avoir fait de cet endroit le plus riche de la région… Soudain, un ouragan inonda les champs de maïs. Le courant menaçait d'emporter la récolte et de plonger les paysans dans la famine. Pour une tâche aussi lourde, les bras ne suffisaient plus… On demanda alors au riche citoyen d'honneur de bien vouloir prêter ses rutilantes automobiles, puisqu'au fond il n'y avait qu'elles qui pouvaient véritablement sauver les produits de la récolte. Il répondit que la boue et les mauvais chemins détruiraient cette magnifique collection, et partit immédiatement à la ville chercher des chauffeurs pour conduire ses chevaux-vapeur dans un village plus sûr. Le forgeron sortit alors sa vieille guimbarde, qui un temps méprisée fut bientôt fort applaudie, et avec ténacité et bravoure, accomplissant des centaines et des centaines de voyages, sauva une grande partie de la récolte. Depuis ce jour, le forgeron et son camion furent respectés et tout le monde voulut apprendre à fabriquer de ces bizarres engins, peut-être ridicules, laids, difformes, non luxueux, mais si utiles.

30

Au milieu des poignards et de la boue

Deux hommes partirent explorer des régions inconnues. Pleins d'espoir, ils traversèrent des bois, des déserts, des montagnes. Chaque fois qu'ils trouvaient un lieu où construire leurs maisons, survenait un propriétaire qui les chassait énergiquement. Chaque arbre, chaque pierre, chaque source avait un maître, quand ce n'était pas un homme, c'était une bête féroce, une colonie d'insectes ou une quelconque bête vénéneuse. Les colons s'enfoncèrent toujours plus profondément vers des terres toujours plus inhospitalières. À la fin ils trouvèrent une région vierge : dans une vallée couverte de pointes de cristal de roche acérées comme des poignards, gisait un lac de boue marécageuse. Le premier homme, voyant cette surface lisse et plane, pensa qu'il pouvait y bâtir sa maison, en la montant sur pilotis. Le second, la tête entre les mains, resta à méditer. L'autre se moqua de lui : « Stupide ! Tu ne te rends pas compte que ces pointes, à la moindre inattention, vont te transpercer ? Fais comme moi : c'est beaucoup plus facile de s'adapter à cette surface lisse et pacifique ! » Il ramassa autant de branches qu'il put, éleva une jolie petite cabane de bois, et s'endormit heureux… Mais quelques heures après, la boue engloutit la construction et son constructeur. Son compagnon, qui entre-temps avait mesuré la hauteur et la force des dangereuses pointes, calculant la quantité de corde nécessaire et sa qualité, construisit, sur les pointes les plus résistantes, une plate-forme solide qui soutenait un château de pierre. Certes, la chute de la terrasse eût été fatale, mais comme il avait appris à connaître chaque lopin de l'agressif terrain, il put survivre, amener sa famille et fonder une dynastie qui produisit des générations d'enfants agiles comme des chèvres et capables de courir entre les lames coupantes sans jamais se blesser.

HISTOIRES DE ROIS

« Louis-Philippe devait quitter le trône comme il l'a quitté parce qu'il avait un parapluie. »

Eliphas Lévi,
Dogme et rituel de la haute magie

31

La fin d'un noble métier

Dans un royaume perdu du Maharashtra, croissaient et multipliaient de nombreux cobras. Les fakirs les hypnotisaient et gagnaient leur vie en les faisant danser. Un jour, un enfant imprudent se prit pour un fakir et essaya de charmer les ophidiens. Mais ceux-ci le piquèrent et il en mourut. Le roi l'apprenant ordonna : « À partir d'aujourd'hui, sous peine de mort, il est interdit d'hypnotiser les serpents ! » Les fakirs professionnels moururent de faim…

32

Le tyran et la bille

À cause des contraintes du protocole, un roi tyrannique devait chaque semaine sortir de sa forteresse dans un carrosse d'or, parcourir l'avenue centrale jusqu'au parc où l'attendait son armée, et rendre les honneurs au drapeau. Le mécontentement que son régime autoritaire avait suscité était tel qu'il craignait à chaque instant d'être assassiné. Ses séides avaient pris toutes les précautions imaginables : le dirigeant était protégé par un filet d'acier ; le carrosse, entouré de lanciers montés à cheval ; le chemin, bordé de spadassins pour empêcher que le peuple ne s'approche de l'attelage doré. Sur les toits et les fenêtres, on plaça des milliers d'archers prêts à décocher leurs flèches au moindre mouvement suspect. Ils fermèrent les voies d'accès, et filtrant scrupuleusement les allées et venues ne laissaient entrer que les citoyens qui y avaient été autorisés. Ne laissant rien au hasard, ils entourèrent le carrosse de boucliers et l'affublèrent d'un toit protecteur… Le défilé put enfin commencer ! La foule, atterrée par un tel déploiement de force, n'osait bouger le petit doigt. (Quelqu'un qui avait éternué fut transpercé par cent flèches...) Le fils d'un des gardes, assis à côté de son père, jouait aux billes tandis que celui-ci surveillait les spectateurs. L'enfant, en voyant le carrosse d'or étincelant et puissant, eut si peur qu'il laissa tomber une de ses billes. Celle-ci roula sous les sabots des chevaux, fut renvoyée sous une roue qui, en passant dessus, rebondit et sortit de son axe. Le carrosse déséquilibré bascula et tomba sur le côté. Le tyran périt, écrasé sous le poids de ses boucliers.

33

Le bon roi

À cause de l'incapacité et de la corruption de ses fonctionnaires, ce pays était au bord de la famine et le mécontentement battait son plein. Pour éviter une révolution qui ensanglanterait le pays, diminuerait dangereusement la main-d'œuvre et qui, de toute façon, serait matée par une armée considérée comme une des plus puissantes du monde, le monarque décida de rendre visite à ses cadavériques sujets. Les meilleurs techniciens, les plus habiles technocrates préparèrent une campagne d'intoxication s'appuyant sur des phrases impressionnantes : « Si je le dis, c'est parce que vous le pensez ! », « Si je le fais, c'est parce que vous le voulez ! », « Pensez bien, désirez bien et je serai juste ! », etc. Ses affiches montraient des mains royales ouvertes, semant du blé à la volée ; un monarque habillé en footballeur, tapant dans un ballon sur lequel était écrit le mot « misère », etc. La propagande réveilla la foi et l'espérance. Les petits villages se décorèrent de drapeaux à l'effigie du roi arborant comme il se doit un magnifique sourire de jésuite fendu jusqu'aux oreilles. Les paysans recouvrirent de couleurs vives les poutres pourries des cabanes qui étaient au bord du chemin et par où passerait le cortège. Le grand jour arriva ! Le peuple s'agglutina en face de l'estrade royale. Le monarque leva la main et, prenant un air sévère demanda : « Chers sujets, combien gagnez-vous par jour ? » Les paysans répondirent en chœur : « Une somme dérisoire : quatre pesos le matin, en commençant à travailler et trois pesos la nuit au terme de cette atroce journée ! » « C'est une injustice ! » grogna le roi : « À partir d'aujourd'hui, tout travailleur gagnera pour commencer sa digne tâche la somme de trois pesos et, pour la terminer, comme juste récompense de son labeur, le salaire sera augmenté et atteindra les quatre pesos ! » La foule lui fit une ovation et la nation se calma…

34

Le roi et les intermédiaires

Ce roi était très préoccupé par le bien-être de son peuple. Depuis une haute tour, assis au fond d'un trône moelleux, il voyait les paysans s'exténuer pour arracher à cette terre aride et sèche leur maigre ration de grains. Le protocole exigeait une attitude digne, distante, et en aucun cas le monarque ne pouvait parler directement à son peuple, si ce n'est par le biais d'un ministre qui avait un secrétaire qui avait un sous-secrétaire. Et c'était ce dernier qui, au bout de la chaîne, transmettait le message. Le palais, parce qu'il était immense, et qu'entre chaque porte d'incommensurables salles exigeaient la présence d'un personnel aussi nombreux que bon marcheur, voyait donc les messages royaux évoluer bizarrement au gré de la fantaisie des intermédiaires qui, pendant la longueur du trajet, oubliaient impunément le contenu de la conversation en la déformant allégrement. Chaque jour, la même chose se reproduisait. Le roi appelait le ministre et lui posait une question : « MON PEUPLE : AS-TU FAIM ? » Le fonctionnaire parcourait les enfilades de couloirs, descendait les marches, traversait des salons jusqu'à ce qu'il arrive au bureau de son secrétaire auquel il rapportait l'interrogation, ou ce que sa mémoire en avait conservé : « MON PÈRE : AS-TU FROID ? » Son subordonné, sans comprendre grand-chose, après avoir beaucoup marché arrivait à côté de son sous-secrétaire et lui disait : « MON FRÈRE : HAIS-TU MES LOIS ? » Cet employé subalterne, faisant une moue de dégoût, parce que l'odeur de la terre imprégnant les paysans lui portait sur le cœur, ouvrait la porte du palais et demandait au premier citoyen venu : « MON CHER : AIMES-TU NOS LOIS ? » Ce à quoi le travailleur répondait : « ELLES NE M'ENCHANTENT PAS VOS LOIS ! » Le sous-secrétaire revenait et communiquait la phrase au secrétaire : « JE NE SENS PLUS MES DOIGTS ! » Le secrétaire se présentait devant le ministre en lui disant : « J'ENTENDS GRAVER L'ÉCHO DES MOIS ! » Et le ministre, faisant mille courbettes, annonçait enfin au chef suprême : « JE ME SENS GAVÉ COMME UNE OIE ! » Le roi, qui se souvenait de sa question – « Mon peuple : as-tu faim ? » –, se réjouissait alors en pensant : « Que mon peuple est heureux : il mange plus qu'il n'en a besoin ! Il n'y a aucun problème dans ce royaume ! »... Un jour, les affamés protestèrent et le roi dut envoyer son armée pour les massacrer parce que ces ingrats ne répondaient à son amour et à son dévouement que par de la violence.

35

La princesse moribonde

Ce roi avait mis beaucoup de temps à devenir père. Il eut sa première fille à cinquante ans. L'enfant grandit et devint une très belle jeune femme. À dix-sept ans elle fut atteinte d'un mal mystérieux que personne ne put guérir. Le monarque, désespéré, fit appeler le plus grand médecin vivant alors sur la planète. À peine le savant avait-il touché le quai que, suivi d'un brillant cortège, il fut transporté au palais dans un palanquin d'or. L'important personnage s'approcha de la princesse endormie, l'examina avec mille et un appareils, consulta ses notes, se promena dans le parc et les couloirs du château et au bout de trois heures dit au roi : « Il ne reste à votre fille qu'une seule année à vivre. Le mal dont elle souffre, la maladie dite de "Astramgin", est véhiculée par le parasite Garunum-ostrigarfique. Seule une pilule de batracium-espiro-dorum-clorenfetinidozol-tyranicominodeizal peut la guérir. » Le roi demanda : « Où puis-je en acheter une ? » Le savant répondit : « Elle n'existe pas, vous ne la trouverez pas sur le marché : il faut la fabriquer ! » « Et comment fabrique-t-on cette pilule ? », dit le roi. « Nous devons construire un laboratoire avec un alastrique géantorien, un cyclotrain, des palans de phalanges d'orlon, une tubérure hyperspinale, des chaudières prungiformes, des athanorgons philocarnes et des murs en soloterc ! », répondit le savant. Le vieil homme, étourdi par tant de paroles incompréhensibles, s'écria : « Et combien de temps cela prendra-t-il ? » Le célèbre savant se concentra intensément et calcula : « Environ cinq années, à condition de travailler jour et nuit ! » « Mais si ma fille n'a qu'un an à vivre ! Elle mourra avant ! » « Je le sais, mais sans laboratoire la sauver est impossible ! Sans pilule, on ne peut rien faire ! » Le roi se mit à pleurer. À quoi pouvait bien lui servir ce cerveau encyclopédique si muni d'un tel savoir il n'était même pas capable de guérir sa fille ?… Le plus humble des médecins du palais, qui n'avait pas été appelé parce qu'il ne possédait pas de diplôme, supplia le roi de lui permettre de donner à la princesse un breuvage à base d'herbes sauvages. Le monarque, par désespoir, accepta. Le sirop à peine bu, la princesse se réveilla. Le savant, les poches vides, abandonna le palais, ses livres, jeta sa blouse blanche aux orties et réapprit l'ancestral usage des plantes médicinales.

36

Le héros et l'idiot

Le tyran n'avait trouvé d'autre solution, quand la nourriture venait à manquer, que de massacrer des populations entières. Les villageois qui arrivèrent à s'échapper formèrent des groupes de guérilleros, se consacrant infatigablement, aux côtés de leurs femmes et de leurs enfants, à la pratique des arts martiaux. Parmi eux se trouvait un idiot qui, incapable de manier une arme blanche, se consacrait à la cuisine. Un jour, ils trouvèrent, dans un village dévasté, comme unique survivant, un enfant de trois mois. Ils pensèrent que ce serait une charge et que le mieux, puisqu'il n'avait plus de parents, était de le laisser mourir. Mais l'idiot décida de l'adopter. Il éleva des chèvres, fabriqua des langes de feuilles, calma la fièvre infantile avec de la rosée. L'enfant survécut ! Il grandit. L'idiot lui enseigna la seule chose qu'il était capable de faire : éplucher des pommes de terre ! L'enfant, assis à côté du fourneau, voyait les autres garçons de son âge manier les armes avec maîtrise et il en éprouva bientôt une vive douleur. N'y pouvant plus, il finit par insulter l'idiot :

« Ignorant, regarde ce que tu as fait de moi : un castré, un bon à rien ! J'ai de la force pour étrangler dix tyrans et je suis en train de la perdre en remuant ta soupe insignifiante avec une cuillère ! Tu me fais honte ! Tu n'es pas mon père ! Je t'abandonne ! » Et il partit vers d'autres contrées à la recherche de nouveaux guérilleros. Il apprit à se battre avec beaucoup de difficultés. Mais progressa plus vite que tous les autres. Il devint chef, réunit les groupes dispersés, attaqua le tyran, le vainquit et fut couronné roi. Une période de paix s'installa comme un baume après toutes ces années de souffrance. La prospérité était depuis longtemps revenue lorsque éclata soudain une terrible épidémie. La peste décima des villages entiers. Le héros transforma ses soldats en infirmiers. Dans un village, au milieu d'un monceau de cadavres, ils trouvèrent un bébé qui pleurait. Personne ne voulut s'approcher de lui, tous avaient peur d'attraper la terrible maladie… Ils allaient s'en aller quand survint un vieillard en haillons ; se traînant jusqu'à lui, il s'en empara avec amour et, s'ouvrant une veine, étancha la soif du nouveau-né en lui offrant la vie rouge de son sang. Le fier guerrier reconnut l'idiot de son enfance, l'embrassa en pleurant et comprit enfin ses mérites.

37

Le grand archer

Un roi voulait apprendre l'art du tir à l'arc. Ses ministres rassemblèrent donc tous les paysans : ceux qui lançaient le plus de flèches en une minute, ceux qui les lançaient le plus loin, ceux qui mettaient dans le mille avec les yeux bandés, ceux qui touchaient les oiseaux en plein vol, etc. Tous se vantèrent d'être infaillibles et aucun ne manqua sa flèche. Le roi considérait comme des maîtres ces guerriers qui décoraient le jardin royal de leurs armes multicolores. Mais, tout à coup, une brise légère commença à se faufiler entre les feuilles, devenant à chaque minute plus insidieuse. Des draps brodés s'envolèrent, des éventails d'ivoire, des nattes enrobées d'essence de réglisse. Le serpent joueur se fit bourrasque ! Les archers cessèrent leurs exercices dans l'attente d'un temps plus clément. Déçu, le roi s'assit : il voulait un maître qui ne faillirait jamais, même au cœur d'un cyclone. Ils lui dirent que c'était impossible ! Le monarque suspendit la fête et tomba dans un état de profonde mélancolie dont on ne put le tirer qu'en lui présentant un cortège qui l'accompagnerait à travers le royaume pour l'aider à trouver ce qu'il cherchait... Ils avaient parcouru, toujours en vain, des kilomètres et des kilomètres à travers ses provinces, lorsqu'un jour un paysan leur dit qu'il connaissait cet archer capable de tirer au cœur même de l'ouragan. Avec une révérence extrême, le roi fut conduit dans le village où vivait l'archer. Il y rencontra un lumineux vieillard possesseur d'un arc qu'un géant n'aurait pu bander. L'arme brillait, polie par des mains amoureuses et tendres. Le roi lui demanda son secret et le patriarche lui dit : « Je mets toujours dans le mille parce que je n'ai pas de mille ! Je ne me préoccupe que de la flèche, celle que je lance avec toute la beauté et toute la dévotion dont mon âme est capable. C'est le tir qui est parfait, il n'y a ici aucune finalité, aucun point vers lequel lancer la flèche, donc, je ne rate jamais la “cible” et mets toujours dans le blanc. » Le roi s'agenouilla devant lui et devint son disciple.

38

La reine infidèle

Un roi s'était marié avec une femme plus jeune que lui. Au début, obnubilée, elle avait confondu l'ambition et l'admiration du pouvoir avec l'amour. Vinrent des temps plus difficiles. Bien que le monarque luttât contre l'adversité, tout son savoir ne put résoudre la crise mondiale qui se répercutait cruellement dans son royaume. Il travaillait sans cesse, ne trouvant que de maigres réponses à ses lourds problèmes. Déprimé, avec l'aide d'un jeune ministre, il essayait de clarifier la situation. La reine, voyant le monarque malade, perdit l'admiration qu'elle lui portait, sentant son cœur vide et voulant le remplir elle devint l'amante du ministre. Le roi se rendit compte de ce qui s'était passé. Le jeune homme, atterré, sans faire ses adieux à la séductrice, s'enfuit du palais. La reine languissait d'humiliation et d'amour insatisfait. Le roi l'invita à une promenade à travers bois. Elle accepta, pensant, dans sa haine cruelle, que le « vieillard » ne saurait aller jusqu'au bout de cette course. La compétition commença ! La femme s'élança rapidement, très sûre d'elle, mais après plusieurs kilomètres, couverte de sueur, elle ne respirait plus qu'à peine. Le roi, utilisant ses forces avec sagesse, la laissa derrière jusqu'à ce qu'il la perde de vue. Elle tomba épuisée au milieu du bois. Plusieurs vagabonds, hallucinés par la blancheur de sa peau, la violèrent. La reine, grièvement blessée, hurlait sous le poids des croquants. Les malandrins s'échappèrent en voyant le roi. Celui-ci ramassa sa femme et lui dit : « Si j'ai souffert, c'était pour toi, pour nos enfants, pour mes sujets, et toi, au lieu de m'aider, tu t'es résignée et, déçue, as cherché un substitut et n'as trouvé que ce pâle remède. Mais en réalité tu voulais le pouvoir… Ce n'est pas d'un inférieur que tu aurais dû devenir l'esclave, mais de toi, de toi seule, et escalader les niveaux spirituels jusqu'à toucher les limbes de la sagesse. Mûris, ma reine, et alors, tous deux nous chasserons la misère de ce royaume. »

39

L'amour d'un roi

En fondant ce royaume, on coupa un arbre, et dans ce qu'il restait du tronc, sans le déraciner, on tailla un trône : s'y assirent des générations de rois. (Pour ne pas changer le meuble de place, le palais fut construit autour.) Le dernier membre de la lignée royale en était arrivé à haïr le rustique symbole de son commandement : « J'aimerais un siège moelleux avec des coussins remplis de plumes d'oie, et non cette chaise vulgaire taillée à coups de hache ! » Chaque fois qu'il le pouvait, il s'échappait vers de jeunes fauteuils et de douillets canapés. Mais un jour, on usurpa le trône et le roi dut se cacher. En cette époque pleine de privations, il regrettait son palais et, surtout, son trône, symbole de ce qu'il avait perdu. Après plusieurs années d'exil, il renversa les militaires félons, fit une entrée triomphale dans le grand salon d'honneur et s'assit sur l'arbre sculpté. Un froid intense mordit son postérieur royal, et une force irrésistible le renversa. La sève monarchique ne l'acceptait plus ! Le roi, repentant, vit pour la première fois la beauté de ce bois millénaire et qui s'était, par sa faute, couvert d'échardes. Il apporta de l'huile, des essences et, tel un serviteur, en frotta soigneusement les flancs jusqu'à ce qu'ils soient aussi éclatants qu'un miroir. Le trône le repoussa de nouveau ! Le roi, fou de douleur, écrivit des poèmes en le comparant au centre de l'univers ; lui apporta des milliers d'oiseaux afin qu'ils chantent pour lui ; supplia la vieille chaise, s'humilia à ses pieds : en vain ! Se jetant devant elle, il pleura comme il ne l'avait jamais osé auparavant – avoir laissé le trône à l'abandon durant tant d'années… L'humidité de ses larmes imbiba lentement les racines et, un matin, le bois du trône se couvrit de feuilles, de fleurs et donna un merveilleux fruit doré. Le roi le cueillit et, au lieu de le porter à la bouche, appela son peuple et en donna un morceau à chaque citoyen. Tous en mangèrent sauf le roi… Mais la vivante chaise l'accueillit et lui permit de mourir tendrement incrusté dans sa verdeur.

40

La princesse et les mouches

Dans ce royaume lointain, l'unique héritière du trône était une princesse à la peau transparente comme l'opaline et à l'élégance agile du lévrier. Le roi et la reine, inquiets de l'énorme tâche qui attendait la fillette quand elle serait reine, dans la mesure où le monde allait de plus en plus mal, décidèrent de lui donner une éducation complète et riche en faisant appel aux meilleurs savants des quatre coins du monde. La fillette, capricieuse, lançait ses livres dans le feu, donnait des coups de pied aux maîtres et refusait d'apprendre. La Cour se réunit pour tenter de convaincre l'héritière : « Majesté, vous avez certains devoirs envers votre peuple ! Vous devez étudier ! » À la suite de ces multiples pressions, la jeune demoiselle promit de se plier à leurs exigences. Quand ils lui demandèrent à quoi elle comptait se consacrer, elle répondit : « Aux mouches ! »... Et, à partir de ce jour, elle ne fit rien d'autre que de converser avec ses bestioles, cultiver leurs œufs, remplir le palais de points noirs ailés, répandre du sucre poisseux sur d'inestimables tapis persans, devenir elle-même crasseuse et puante et, avec un filet, chasser les nuages de ses dégoûtantes amies pour les entasser dans sa chambre. Elle obligea les peintres à faire leur portrait, les sculpteurs à en façonner les chiures jaunies et les poètes à chanter leurs louanges dans d'interminables alexandrins. Comme l'enfant était d'une délicatesse extrême, ses parents n'osèrent pas lui en faire grief et encore moins la châtier. La Cour était au désespoir… Aucun professeur ne put convaincre la princesse que son amour pour les mouches était passé du stade de caprice à celui d'une inquiétante manie. La chasseuse-de-mouches devenait insupportable à tout le monde ! La mère du roi finit par lui rendre visite. Constatant le ridicule de cette situation, elle retroussa ses longues manches de velours et se fit amener sa petite-fille : « Mettez-la à genoux », hurla-t-elle comme lorsqu'elle régnait encore sur ses sujets, « et attachez-lui les pieds et les mains ! » Ils immobilisèrent la princesse. La grand-mère boucha les narines de l'enfant, l'obligea à ouvrir la bouche, lui enfonça une grosse mouche verte et la força à l'avaler. Le dégoût éprouvé par la délicate héritière fut tel que les derniers spasmes des vomissements disparus, elle demanda l'extermination de toutes ces bestioles et se mit à étudier comme si son salut en dépendait.

HISTOIRES D'ANIMAUX

« Tous les animaux savent qu'ils ont une queue, même si elle est courte ! J'ai senti la mienne le jour où vous l'avez écrasée. »

Mickey Spillane,
Dites-le avec des tueurs

41

L'humble microbe

Dans un pore de la peau, comme s'il s'agissait d'un profond puits, vivait prisonnière une colonie de microbes. Tous regardaient le bleu du ciel, qui de temps en temps brillait par la bouche de la prison, et rêvaient d'en sortir un jour. Arrêtés sur deux filaments, ils exprimaient leurs grandes illusions. « Aujourd'hui j'ai grandi d'un millimètre : si je continue comme cela, je serai bientôt de la grandeur de ce puits ! » « J'enflerai, et bientôt, devenu globe, je pourrai flotter jusqu'à la sortie ! » « Bande de rêveurs, faites comme moi : musclez-vous et devenez forts ! Je saurai me tailler des escaliers à grands coups de pseudopode ! » Et ainsi passaient les jours… Mais tandis que tous essayaient de croître, de grossir de n'importe quelle façon que ce fût, il se trouva un microbe qui, en se pliant comme un accordéon, se faisait chaque jour plus petit. Le chef de la Meute-Espérante le toisa des pieds à la tête : « Regardez cet imbécile : il rétrécit chaque jour ! » La colonie de schizophytes le méprisa, et comme il continuait consciencieusement à se pressurer, ses micrococcus détracteurs, fronçant les noyaux, pensèrent : « Il se moque de nous. Il croit nous offenser en prenant le contre-pied de nos mots d'ordre. Où ce malotru puise-t-il toute son audace ? Être moins quand nous cherchons à être plus ! » Ils n'arrivèrent pas à le persuader. Il continua à rétrécir, à se contracter, à se comprimer, comme s'il voulait complètement disparaître. Alors surgirent les mauvaises plaisanteries, les imitations sarcastiques, les phrases méprisantes, les coups… Il devint si minuscule qu'il fut bientôt oublié. Un matin, quand tous étiraient leurs membranes obèses pour se rapprocher, ne fût-ce qu'un instant, du bleu lumineux de la surface, notre microbe, stoppant son lent travail contractile, se détendit comme un ressort : ses forces comprimées éclatèrent avec une telle force qu'il fusa vers l'extérieur tel un coup de feu. Il venait d'atteindre le monde qu'il avait tant désiré ! Les vibrions restèrent au fond du trou d'épingle, l'enviant, sans savoir que faire d'un corps qu'ils avaient si orgueilleusement musclé, agrandi, engraissé…

42

L'abeille égoïste

Les abeilles jaillirent d'un seul coup au cœur de la matinée, comme des dards dorés, pour butiner les insinuants calices, revenir dans la ruche chargées de nectar et se mettre enfin, infatigables, à fabriquer un miel cristallin, implacablement recueilli par les engrangeuses. L'une d'elles s'exclama : « Je suis fatiguée de produire du miel mangé par d'autres ! Je garderai l'aliment sucré pour moi ! Les abeilles sont folles : elles s'usent en faisant cadeau de leur travail ! Moi, je garderai dans mon corps ce qui m'appartient ! » Elle voltigea de rose en jacinthe, butinant avec délice, vomissant le liquide sucré et le récupérant pour emmagasiner ensuite la séduisante gelée dans les profondeurs de son abdomen. Bientôt, la partie postérieure de son organisme ressembla à une boule. Pavoisant devant ses camarades, volant avec difficulté – le poids devenait important –, elle leur décocha : « Enviez-moi, malheureuses ! Je suis riche ! » Personne n'y fit attention : l'esprit de ces ouvrières ne réagissait qu'en fonction du travail qu'on leur demandait d'effectuer. Notre bestiole, par dépit, se lança dans un champ de nards et, tel un vampire assoiffé, absorba le nectar de mille corolles. Son abdomen prit les dimensions de celui d'un rat. Les ailes, à côté de cette protubérance velue, paraissaient maintenant minuscules. Les pattes, recourbées sous le poids, purent à peine la traîner jusqu'à la ruche. Et lorsqu'elle y arriva, ses sœurs la prirent pour un monstre. Le postérieur gigantesque réveilla la curiosité des travailleuses qui, abandonnant leur tâche, s'en approchèrent pour reculer ensuite avec dégoût. « Pouah, quelle odeur horrible ! »... En effet, le miel resté accumulé si longtemps avait fini par pourrir dans le ventre. Les miasmes pestilentiels et la fermentation putride lui perforèrent l'intestin, la faisant hurler de douleur. Orgueilleuse, elle se traîna comme elle put sous l'ombre apaisante d'un iris, s'y cachant pour y agoniser solitaire. Un beau jour, elle explosa, répandant son sirop nauséabond parmi les orties. Il ne se trouva pas même un scarabée pour oser manger de cette nourriture avariée.

43

Les fourmis et le tank

Sur un petit terrain en friche, à côté de quelques rochers, vivaient des milliers de fourmis, heureuses, jouissant du soleil, du sol plat, de la nourriture à portée d'antenne et de la sécurité que leur conférait la profondeur de la fourmilière. Mais la malchance voulut qu'après une de ces nombreuses guerres l'armée choisit cet endroit pour y abandonner un vieux char détruit par les obus. Celles qui ne périrent pas sous l'éboulement coururent se réfugier parmi les rochers, et là, dans l'ombre humide, fondèrent une nouvelle colonie. Leurs enfants étaient malingres et rachitiques. Il s'en trouvait bien peu qui pouvaient creuser dans ce sol dur, et arriver jusqu'à la nourriture qui leur coûtait des heures d'escalade, fatigantes et dangereuses, à travers la structure de fer oxydé. Les fourmis n'arrêtaient pas de pleurer et attendaient avec une certaine résignation l'extinction probable de leur race... La plus ancienne un matin se leva, affûta ses mandibules et, timidement, se rapprochant du tank, entreprit de ronger une de ses « gigantesques » roues. « Que fais-tu ? », lui demandèrent ses congénères. « Je suis en train de nettoyer le terrain de cet encombrant tas de ferraille qui nous empêche de vivre ! » « Tu es folle, cela va te demander des millions d'années ! » La vieille répondit : « Certainement, mais c'est maintenant que quelqu'un doit commencer ! »

44

Le pou du colonel

Un pou, très humble, ne connaissait que l'humidité réglementaire d'un soldat qui travaillait tout le temps en plein air. Il ne se plaignait pas de son sort (ses ancêtres, durant des générations, avaient vécu dans des endroits arides et poussiéreux) et, ne connaissant rien d'autre que ces cheveux crasseux, ne pouvait ni ne savait aspirer à un meilleur endroit. Le destin voulut que le Colonel-de-toutes-les-Armées passât en revue les recrues aux sudations supérieures à la moyenne… Le pou, ému, levait une de ses pattes arrière pour faire le salut militaire, quand un vent subit le chassa de la puante chevelure qui l'hébergeait et vint le déposer au beau milieu de la maigre chevelure de l'officier. Le pou se remplit d'orgueil. « Toutes les armées sont sous mes ordres ! », dit-il. Et une chaude sensation de pouvoir emplit son cœur. Depuis ce jour, il méprisa ses congénères et finit même par prier le ciel que son chef les extermine tous – ces êtres sales, pauvres, fourbes, immondes et faibles. Ancré dans la chevelure parfumée, il se sentait le maître du monde. Un jour, éclata une mutinerie, et la troupe, avec des lance-flammes, brûla l'odieux colonel. Le pou, malgré ses protestations d'innocence, mourut carbonisé.

45

Le scarabée marchand

Dans une région très pauvre, un groupe de scarabées travaillait péniblement. Au prix d'un effort surhumain, l'ardente colonie de coprophages parvenait à faire pousser quelques maigres bouses pour se nourrir chichement, et à fabriquer quelques rations d'engrais, qui, sous la forme de petites boules, leur permettaient d'allaiter leurs larves. Un beau jour, l'un d'entre eux, par désespoir, commença à creuser sa tombe : il la voulait profonde, pour reposer le plus loin possible de ce monde cruel qu'il allait pouvoir enfin fuir. Le destin voulut qu'il trouvât alors un gisement de fumier. L'allégresse fut générale ! Notre scarabée se couronna roi et commença alors à distribuer généreusement, depuis ce qui aurait dû être sa fosse, des morceaux du providentiel excrément. Le vacarme fut tel que tous les insectes s'enterrèrent. Bientôt arriva un cortège de scarabées dorés, suivis de leurs épouses, porteuses de gigantesques boules malodorantes pleines de larves obèses. Ils offrirent un prix très élevé en échange de la précieuse matière. Le nouveau roi, fou de cupidité, commença à vendre le fumier. Tout d'abord en petites quantités, puis par portion de plus en plus grande. En contrepartie il recevait des feuilles fraîches, de la résine et quelques autres aliments. Son peuple l'acclama. Soudain, la source se tarit et le sol devint stérile. Ils creusèrent, creusèrent la terre, mais en vain : la moisson était terminée pour toujours ! Les riches scarabées dorés s'en retournèrent dans leur riche région… Quant aux autres scarabées, moins riches et moins dorés, après avoir mangé ce qu'ils avaient gagné, ils commencèrent à mourir de faim, parce que le sol, sans fumier, ne donnait plus de plantes. Les larves ne pouvaient plus être nourries, la civilisation des scarabées sombrait lentement dans la décadence et la famine, et les grands marchands périrent les uns à la suite des autres.

46

L'araignée ambitieuse

Une araignée décida un jour de perfectionner ses toiles. Au bout d'un certain temps, ses fils devinrent si résistants qu'elle pouvait non seulement attraper des mouches mais aussi des papillons, des scarabées et des escargots. Une telle alimentation la rendit bientôt plus robuste. Elle poursuivit ses recherches. Elle fabriqua des pièges capables de prendre des petits rats. Ivre de triomphe, elle dit : « Bientôt mes filets et mes toiles attraperont des aigles ! » Les oiseaux majestueux, voyant scintiller de si vénénifiques réseaux et les prenant pour les reflets de la peau d'un animal, se lancèrent contre eux et les brisèrent. L'araignée se sentit humiliée. Elle avait beau renforcer ses fils, jamais elle ne pourrait surprendre un aigle. Un jour, elle s'écria : « J'ai trouvé le moyen ! » Elle grimpa sur un rocher et dansa pour attirer l'attention du rapace. L'oiseau royal fondit sur elle et la dévora. Et tandis que les coups de bec et de serre la déchiraient, elle cria : « J'ai attrapé un aigle ! J'ai pénétré son sang et sa chair ! Je suis devenue oiseau ! »

47

Le dévoreur

Un crocodile géant qui s'était emparé du pouvoir des marais y semait la terreur. Un cacatoès et un perroquet commentaient : « Quel monstre horrible ! » « Il a dévoré notre vieil ami le porc ! » « Il a englouti notre cousine l'autruche ! » « Monsieur le Cerf a disparu dans sa gueule ! » « C'est un criminel ! »... À la nuit tombée, alors que le saurien dormait sur la berge, panse enflée et ronde, un castor surprit le cacatoès et le perroquet occupés à picorer dans les mandibules de l'assassin. Il leur demanda : « Que faites-vous ici ? » Et le couple, cyniquement, répondit : « Nous dégustons les petits morceaux de viande qui sont restés entre ses dents ! »

48

Le restaurant des corbeaux

Les corbeaux en avaient assez de lutter individuellement pour chercher leur maigre pitance. Ils décidèrent de s'unir, de former une bande et d'ouvrir un restaurant pour vendre ce qu'ils aimaient par-dessus tout : du fromage blanc. L'aliment virginal, contrastant avec les plumes noires, ce serait du plus bel effet. Gourmands comme ils étaient, ils le fabriqueraient à merveille. Ils passèrent des jours à discuter pour savoir qui allait être cuisinier, ouvrier, caissier. Ils étaient si méfiants les uns à l'égard des autres qu'ils en arrivèrent à cette conclusion : ils ouvriraient le lieu tous ensemble, tout le monde fabriquerait le fromage, tout le monde le servirait, après avoir réparti équitablement les gains de la journée. Ils travaillèrent avec acharnement à la construction d'une tonnelle. À tour de rôle, ils se surveillaient pour que personne ne travaille moins que les autres. Chacun fit de son mieux pour fabriquer à grands coups de bec de magnifiques assiettes en bois précieux. Énervant les veaux, ils leur volèrent le lait le meilleur et annoncèrent à grand renfort de croassements publicitaires l'ouverture prochaine de leur taverne. Le jour de l'inauguration, l'immense salle à manger s'engorgea d'animaux qui salivaient en attendant le magnifique fromage blanc. La cuisine était un embrouillamini de plumages noirs : tous barattaient, pressaient, filtraient, caillaient, émiettaient, pressuraient, séchaient, moulaient, jusqu'à ce qu'ils obtiennent une masse reluisante, blanche comme neige, veloutée. Tous goûtèrent l'onctueux mélange. Personne ne voulait en avoir une part plus petite que celle du voisin. Cette dégustation engloutit la moitié de la production. Ils divisèrent le restant en portions égales et se dirigèrent alors vers la salle grouillante de convives impatients. En cours de route, ils engloutirent petit à petit ce qui restait dans les plats. Pour ne pas en manger moins que le corbeau d'à côté, c'était à celui qui avancerait le plus lentement possible : ils se déplaçaient centimètre après centimètre, en se goinfrant de fromage blanc. Et, lorsque, après d'invraisemblables simagrées et salamalecs, ils déposèrent sur les nappes si finement brodées leur inestimable production, les clients ne reçurent que des assiettes vides. Les corbeaux, souriants, panses gonflées comme une outre, présentèrent l'addition que leurs clients faméliques les obligèrent à avaler avant de ravager à grands coups de pierre rageurs l'élégant boui-boui…

49

L'oiseau affamé

Un oiseau affamé regardait les eaux polluées de la côte : plus aucun poisson n'arriverait, désormais, à proximité de la plage. Tous avaient fui au plus profond des fosses marines de l'océan. Il était condamné à mourir de faim ! Soudain, le bruit de quelques barques le tira de son profond sommeil. Les pêcheurs venaient d'arriver avec un chargement de poisson frais. Ils commencèrent à débarquer leur précieuse marchandise. L'oiseau s'en approcha le plus qu'il put. Une carpe, réunissant ses dernières forces, sauta hors de la nasse, et vint tomber, juste sous le bec de l'oiseau. Ce dernier prit son vol, au-dessus de la mer, puis vers les champs, pour échapper aux pêcheurs furieux. En apercevant le poisson, une bande de corbeaux se mit à suivre l'oiseau. Celui-ci, qui ne brillait pas par son intelligence, se demanda ce que pouvait bien signifier ce cortège. « Non, ils ne peuvent me suivre, je suis bien trop insignifiant ! » Il changea donc de route… Soudain, d'autres corbeaux vinrent se joindre à la bande des poursuivants. « Comme je suis grand ! Pourquoi cela ne m'est-il pas arrivé avant ? Enfin des corbeaux lucides qui savent m'apprécier à ma juste valeur ! » Les noirs passeriformes agitèrent leurs ailes aux reflets bleus, impatients de dévorer leur proie. « Maintenant voilà qu'ils m'applaudissent ! Je suis le chef qu'ils attendaient depuis longtemps ! Enfin un royaume à ma mesure ! » La masse des corbeaux devenait de plus en plus importante, il en accourait de partout, et bientôt le ciel s'obscurcit autour du volatile. « Que d'honneurs ! Ils me vénèrent ! Et moi, je reste là, stupide, avec ce cadavre dans le bec ! Ils vont croire que je meurs de faim ! » Et c'est ainsi qu'il laissa tomber le poisson. Les corbeaux l'oublièrent immédiatement en se disputant voracement la chair fraîche. Et il avait beau s'époumoner et crier : « Ne vous trompez pas, remontez, c'est ici qu'est votre monarque adoré ! », personne n'y prêta attention. Il retourna tristement près de la plage sur son rocher, espérant qu'il ne mourrait pas avant le retour de la prochaine barque.

50

Les porcs carnivores

Quand les oiseaux volaient, ils devaient supporter beaucoup de maux : les tempêtes soudaines, les attaques d'aigles voraces, les épaisses nappes de brouillards qui les égaraient, les lourdes fatigues, etc. Ils se mirent donc d'accord et tissèrent un vaste filet susceptible de les protéger contre les intempéries. Quand l'œuvre fut terminée, ils l'inaugurèrent en grande pompe et commencèrent à vivre paisiblement sous ce toit protecteur. Le poids du filet les empêchait de voler ; pour aller d'un endroit à un autre, ils devaient ramper, mais cela ne les gênait pas outre mesure. Au bout d'une génération, ils étaient accoutumés à ne plus voler si haut… Le temps passa. Un jour la région fut envahie par un troupeau de porcs qui dévoraient tous les animaux qui se trouvaient à portée de groins. Les oiseaux haïssaient les grognements assourdissants de ces bêtes implacables, mais très vite, atterrés, ils se rendirent compte que le filet ne leur serait pas d'une grande utilité contre les crocs, effilés comme des poignards, des porcins. Alors, désespérés, ils déchirèrent le filet et ouvrirent une brèche dans le toit de pierre. Avec un grand soulagement ils s'écrièrent : « Maintenant nous sommes libres ! » Ils essayèrent de fuir vers le ciel, mais leurs ailes atrophiées ne répondaient plus. Comment auraient-ils pu voler après tant d'années passées sous le filet ? Éructant de plaisir, les porcs dévorèrent les oiseaux jusqu'à la dernière plume.

51

Rêve de cheval

Un grand guerrier chassa et dompta un cheval qui vivait heureux galopant à travers des prairies sauvages. Ensemble ils conquirent des villes, des nations, des continents. L'herbivore solipède finit par penser : « Comme je suis puissant ! » Un jour, on tua son maître. L'animal s'écria : « Je continuerai seul la conquête du monde ! » Et seul, il attaqua une forteresse. Ils le tuèrent en une seconde et lancèrent sa chair aux chiens !

52

Les deux chevaux

Dans la cour intérieure d'un château entouré de hautes et épaisses murailles, sans porte ni fenêtre, deux chevaux étaient enfermés. Chacun donnait des coups de sabot contre le mur pour essayer de l'abattre et pouvoir s'échapper. L'un d'entre eux se découragea. « Ces murs sont trop épais. Je ne pourrai jamais les détruire. Il vaut mieux que je m'allonge sur le sol et que je me laisse mourir. » Ce qu'il fit… L'autre cheval continuait à ruer. Pendant un certain temps, il n'arriva rien. Mais un jour, alors qu'il ne l'espérait plus, l'animal vit le mur s'écrouler et put alors contempler ce merveilleux paysage dont il avait tant rêvé : herbe grasse et verte coulant à perte de vue… Le premier cheval, en le voyant sortir et galoper heureux, essaya de le suivre mais une barrière invisible l'en empêcha. Du haut de la muraille, une voix l'interpella : « Chaque cheval doit bâtir sa propre sortie ! »… Le cheval comprit la leçon et commença à donner des coups de sabot contre le mur, nuit et jour, inlassablement. L'épaisse prison finit par s'écrouler et le cheval fut enfin libre.

53

Le bœuf et la charrette

Cette rutilante charrette possédait d'immenses roues d'acier incrustées d'or. Ses essieux étaient robustes et lourds, couverts d'une fine couche de graisse extraite d'animaux engraissés uniquement à cet effet. Ses flancs, décorés par les meilleurs artisans de la région, brillaient de mille feux diamantins. Mais toute cette beauté ne diminuait en rien la force extraordinaire de ses brancards. Le chariot pouvait transporter une montagne de pièces d'or et de bijoux… On lui attela un jeune taureau. L'animal était si fougueux, si désireux d'avancer et de créer, qu'il fut bientôt impossible de suivre le fabuleux équipage. On le castra ! Depuis, bœuf de trait aussi rapide que le poids qu'il tirait le lui permettait, il avançait puissamment, silencieux et résigné. À chaque mètre, la charrette magnifiquement caparaçonnée émettait de déchirants craquements. Ceux qui l'observaient disaient avec admiration : « Quel noble cœur : elle souffre, il lui coûte de transporter ce trésor, mais elle accomplit noblement sa lourde tâche ! »… Le temps passa. On commençait à pouvoir compter les côtes du bœuf et une toux caverneuse se mêlait désormais aux profondeurs exténuées de son souffle. Personne ne s'en aperçut : tous avaient les yeux fixés sur la charrette. « Comme elle supporte bien le poids des années : elle continue de briller comme toujours, malgré l'effort surhumain qu'elle produit quotidiennement ! Elle mérite une récompense ! » Ennuyés par la puante présence du bœuf, ils décernèrent un diplôme à la charrette et l'applaudirent frénétiquement. L'animal, atteint de dénutrition, épuisé par l'effort continuel, tituba et finit par s'écrouler. Ils le rouèrent de coups, le traitant d'ingrat et de paresseux. « Il ne peut donc pas suivre l'exemple de Son Altesse la charrette, qui n'est jamais fatiguée et s'acquitte avec efficacité et droiture de sa tâche ! » Le mammifère, dont il ne restait plus que la peau et les os, mourut en crachant un sang si pâle qu'on aurait dit de l'eau. À côté de lui, gisait la charrette : en dépit de tous ses diplômes, de toutes ses décorations, des applaudissements qui avaient jalonné sa prestigieuse carrière, elle ne pouvait se déplacer seule… Pour la tirer de ce mauvais pas, on envoya chercher un jeune taureau fougueux, désireux d'avancer et de créer…

54

La grenouille inconsciente

Plusieurs enfants espiègles attrapèrent une grenouille qu'ils avaient surprise alors qu'elle coassait joyeusement sur l'eau verte de son étang. Le petit animal se tortilla, angoissé, jusqu'à ce que les vauriens la déposent dans une marmite d'eau froide. La grenouille se remit à coasser, comme avant, se sentant à l'aise dans cet élément liquide. Les galopins allumèrent le gaz et commencèrent à faire chauffer l'eau, tout d'abord à feu doux puis, lentement, avec la patience infinie de la cruauté, ils augmentèrent la puissance de la flamme. La grenouille ne se rendit pas compte du changement de température, parce que l'augmentation était si graduelle, si subtile, qu'elle était imperceptible. Les bourreaux, implacables, portèrent l'eau à ébullition. Le liquide bouillait, et la grenouille, inconsciente de la chaleur, n'en finissait pas de coasser comme si elle était encore dans la fraîcheur humide de son étang. Et elle continua ainsi jusqu'à ce que sa peau finisse par tomber en lambeaux. Cuite et recuite, elle mourut souriante, sans sentir l'acide des brûlures.

55

La tortue tortueuse

Les tortues d'eau, durant des générations, avaient vécu, recroquevillées, nichées dans les rochers, utilisant le mimétisme pour se défendre contre la voracité des requins. Une tortue très jeune voyait passer avec envie les serpents de mer multipliant de superbes arabesques dans les courants maritimes scintillant d'une lueur éclatante. L'intensité de cet appel était irrésistible, et notre animal, au prix de grands efforts, sortit de sa carapace et partit danser avec les reptiles, ressentant mille ondulations vivifiantes, dans ce qui n'était auparavant qu'un pauvre corps endormi. Les tortues adultes, poussant des cris d'horreur, couraient derrière elle. « Brebis égarée, inconsciente : tu donnes le mauvais exemple ! » Mais le désir de danser était tel, que personne ne put l'arrêter. « Bien – dirent les tortues adultes –, puisque c'est comme cela nous devons la protéger. Si les nouvelles générations suivent l'exemple de cette insensée et veulent sortir dans le monde, qu'elles le fassent, mais protégées. Nous autres, nous savons de quoi nous parlons ! » Ils obligèrent la petite tortue à passer une espèce de longue cote de mailles en acier. Quand elle voulut danser, au lieu de faseyer dans les courants comme un prisme vivant, comme la voile charnelle d'une somptueuse frégate, alourdie par le poids du fer, elle s'enfonça dans la vase et se noya.

56

Le rat galeux

Un rat négligent avait contracté la gale. Il y avait déjà si longtemps que le mal le frappait, que ses démangeaisons lui paraissaient normales et, sans se rendre compte, il se grattait vertigineusement avec une patte tandis que l'autre mangeait ses propres racines. Comme il ne savait que faire, et que s'observer inlassablement lui causait du vague à l'âme, il se consacra à l'étude de ses congénères et se sentit devenir philosophe. « Tout n'est que famine, cruauté, vice, angoisse. Personne ne fait rien pour essayer de se dépasser, de se dominer. Ma race est en pleine décadence. Je dois aider le monde ! »... Il se dirigea jusqu'aux grottes voisines. Les rats bien portants qui avaient peur d'être contaminés l'expulsèrent, quant aux autres, ne voyant pas en quoi un rat atteint du même mal qu'eux pouvait leur être utile, ils firent de même. Pour finir, c'est parmi des rongeurs plus jeunes qu'il rencontra de fervents disciples. En échange de quelques morceaux de fromage gracieusement offerts (ou à prix réduit), il leur enseigna comment progresser dans ce monde malheureux. À mesure que les jeunes acquéraient force et connaissance, la gale se mit bientôt à les ronger. Furieux, ils expulsèrent notre rat !... Le « maître » retourna dans sa retraite solitaire, et de là, insulta le monde qui avait refusé ses conseils rédempteurs.

57

La souris et la liberté

Un enfant se prit d'amour pour les souris blanches, et pour les connaître mieux décida d'en faire l'élevage. Il croisa un mâle avec une femelle et obtint une famille. Parmi les nouveau-nés, il y en avait un particulièrement sagace. L'enfant ramassa une grande caisse en carton et, quand la petite souris devint adulte, décida de l'y enfermer en agrémentant sa prison d'objets – à ses yeux – confortables : une couche moelleuse, un récipient pour l'eau, un autre pour la nourriture et une grande quantité de petits escaliers sur lesquels l'animal pourrait grimper et exercer ses muscles. Mais le rongeur n'était pas satisfait. « Je possède tout ce qu'une souris normale peut désirer, je suis bien nourrie, mon pelage est brillant, mais il me manque quelque chose et c'est ce dont j'ai le plus besoin : la liberté. Je sacrifierais tous mes trésors pour être hors d'ici et vivre dans les champs et courir et gambader là où la simple envie me pousserait. » Voilà ce qu'elle pensait notre mignonne petite souris blanche... Comme l'enfant avait troué le toit de la cage pour que l'air y pénètre, elle empila deux petits escaliers et commença à ronger minutieusement le carton pour agrandir le trou. Nuit après nuit, pendant que son maître dormait, obsédée, infatigable, elle travailla jusqu'à ce qu'elle pût passer la tête et le reste de son corps. S'ouvrit à ses yeux l'espace infini d'un salon – son cœur palpitait de joie… Au risque de se casser les pattes, elle sauta sur le parquet ciré. Elle s'arrêta quelques secondes, se remit de ses émotions et, croyant commencer une nouvelle vie, courut à travers la pièce à la recherche d'une porte. Le chat de la maison, qui depuis plusieurs jours, attiré par les bruits nocturnes du rongeur, attendait ce moment avec impatience, l'attrapa, joua avec elle et l'avala sans pitié mais avec une grande délectation.

58

Le poulet et les papillons

Cet été, les papillons ont pondu des œufs d'où sortirent des chenilles qui grimpèrent aux troncs des arbres qui sécrétèrent des fils qui formèrent de blancs cocons qui au bout d'un certain temps s'ouvrirent éjectant de splendides papillons voltigeant dans le ciel comme de veloutés cris de couleur… Un poulet sauvage observa avec envie la totalité de ce développement. Il ne joua plus avec ses camarades, car il désirait avoir d'immenses ailes et voleter au-dessus des plantes comme une fleur vive… Il pensa : « Si ces chenilles dégoûtantes deviennent des êtres si merveilleux, pourquoi pas moi ? » Il ramassa des bouts de laine, des bouts de chiffons, des fibres sèches, du chanvre, chargea son matériel, grimpa sur un haut rocher et de là, sauta sur la cime d'un arbre. Il s'enveloppa dans son cocon de fortune et, protégé par une branche, s'endormit, espérant se réveiller papillon. Le temps passa. Torturé par la faim et la soif, il se réveilla. « C'est déjà l'heure », se dit-il tout en rompant les morceaux de laine à coups de bec. Mais, s'il y avait eu transformation, ce n'était pas celle qu'il avait escomptée : le poulet était devenu cochet… Voletant avec maladresse, déçu, il retourna jouer avec ses frères. Ceux-ci, courant à longueur de journée, bien nourris, étaient devenus de splendides coqs de combat. Notre coquelet, mal nourri, chétif par manque d'exercice, ne put leur faire face. Ils lui donnaient des coups de bec rageurs et le méprisaient. Les rendant responsables de tous ses malheurs, il se mit à haïr les papillons. Et pour se venger, il fouilla tout le bois, détruisant chenilles, cocons, chrysalides et papillons.

59

La poule et l'œuf

Une jeune poule qui venait de pondre son premier œuf adopta mille points de vue pour l'admirer. « Quelle belle œuvre ai-je réalisée : je suis géniale ! Il est si précieux que je dois le protéger : je le garderai ! Je le garderai sous mon corps ! » Et s'asseyant dessus, elle ne bougea plus. À l'intérieur, le poussin se développait. Quand il eut toute sa raison, il cria en donnant des coups contre les parois de la coquille : « Maman ! Maman ! Laisse-moi sortir ! » La poule gloussa : « Cet ingrat ne veut pas me laisser tranquille . il doit y avoir je ne sais quelle diablerie à l'intérieur ! » Avec plus de force qu'auparavant, elle emprisonna l'œuf en serrant ses cuisses. Le poussin s'écria avec désespoir : « S'il te plaît, laisse-moi naître ! » Et il ouvrit les pattes pour essayer de casser ces étouffantes limites. La mère, inquiète, chercha un lacet et commença à entourer frénétiquement l'ovoïde. « Il faut que je l'attache bien pour que cette chose bizarre ne me le casse pas ! » Le poussin, s'étouffant, agitait ses ailes avec de moins en moins de force : il finit par mourir… La poule, satisfaite, pensa : « Enfin tranquille ! J'ai gagné ! » Sous la coquille brillante, enroulé, flétri, ce qui avait été le projet d'un splendide poulet se remplit bientôt de vers putrides. Le gallinacé mit son œuf sur un piédestal, croyant être la meilleure mère du monde : « Mon œuvre reste intacte tandis que les autres poules laissent les leur pourrir de l'intérieur ! » Elle polit les blanches parois de son cher objet, jusqu'à ce qu'elles éblouissent le champion de la basse-cour qui, séduit par tant d'éclats, poussant un formidable coquerico, la saillit prestement. La triomphatrice commença, régulièrement fécondée, à pondre des œufs par douzaines, les emmagasinant les uns à la suite des autres. Le mâle, orgueilleux, ne cessait de lui répéter : « Je te félicite, reine : notre très précieuse collection croît de jour en jour ! »... À l'intérieur les vers proliférèrent avec une telle rapidité que les œufs en éclatèrent, éparpillant leur purulence fétide. Les deux gallinacés versèrent de chaudes larmes de crocodile au milieu de ces restes écœurants ; se sentant méprisés et rejetés par les autres poulets, anciens poussins qui, avec le temps, volaient maintenant comme des hirondelles.

60

Le lion féroce

Au fond d'une jungle exubérante, grouillante d'animaux dont l'unique souci était de s'entre-dévorer, d'anéantir la luxuriance de la flore, de saccager les nids et les tanières d'autrui ou de conquérir le pouvoir – et de courir ainsi le risque d'une inévitable extermination de la faune –, un lion féroce se fit couronner empereur. Chaque jour, une douzaine d'animaux divers lui étaient envoyés pour son petit déjeuner. Il ne lui restait plus qu'à ouvrir la gueule : les victimes, convaincues par les vieillards du caractère sacré de leur sacrifice, le laissant déjeuner sans grogner, piailler ou aboyer, engouffraient volontairement leur cou entre ses mâchoires. Après ce copieux repas, le félin dormait profondément et ses ronflements étaient entendus jusqu'aux confins de la jungle, apportant la paix à tous, car on avait alors la certitude qu'il ne commettrait aucun crime et que chacun pourrait vaquer calmement à ses occupations. Un jour, un explorateur heurta la bête endormie. L'animal était si gros, si puissant, que l'homme se mit à trembler, à transpirer et, retournant plusieurs fois sa langue sèche dans sa bouche, terrorisé, s'agenouillant devant la gueule nauséabonde du fauve, dit : « Ne me mange pas, je t'en supplie ! » Le lion, heureux sur sa couche d'herbe fraîche, tout abandonné à sa digestion, profondément endormi, n'exhala pour toute réponse qu'un faible « Zzzzzzzzz ! » L'homme cria, au risque de se râper la gorge : « Je t'en supplie : ne me maaaaaaaaaaange pas ! » Le monarque ne l'entendit pas. Exaspéré, le voyageur se rapprocha et, lui prenant les mâchoires à pleines mains, les sépara violemment, y plongea la tête en criant entre les crocs acérés : « Ne me mange pas, je t'en supplie ! » Le lion ne se réveillait toujours pas. Le chasseur colla sa bouche contre une oreille abondamment poilue et, gonflant ses poumons, expulsa une autre fois sa demande : « Ne me mange pas ! » Furieux parce que l'animal n'y prêtait pas attention, il se jeta sur lui, le couvrant de coups de poing et de coups de pied. Décidé à tout, il sauta à pieds joints sur la queue du monstre pour la réduire en bouillie. Le lion, endolori, ouvrit enfin les yeux. Voyant cet énergumène s'acharner sur sa royale personne, il éclata dans une colère fantastique et, ouvrant sa gueule, engloutit l'explorateur. Celui-ci n'eut que le temps de se plaindre : « Quelle malchance ! Me faire dévorer par un lion ! »

61

La tragédie d'un oiseau

Dans nos études d'ornithologie avancée, le cas le plus intéressant semble celui du *Cimbrin :* petit oiseau gris, habitant les grandes villes, qui fabrique son nid dans les pare-chocs des automobiles à l'aide de boue et d'essence… Le *Cimbrin* est un oiseau antisocial : le mâle abandonne la femelle immédiatement après l'avoir fécondée et les oisillons s'éloignent du nid dès qu'ils brisent leur coquille… À cause de sa désagréable couleur grise, le *Cimbrin* est attaqué par tous les autres oiseaux. Il n'aurait pas survécu s'il n'avait possédé son unique plume bleue. Les grises le défendent des gaz toxiques ; en échange, la bleue – que le *Cimbrin* lave, exhibe et admire à longueur de temps – est inutile du strict point de vue biologique. Le *Cimbrin* choisit des automobiles de luxe pour nidifier, énerve les toutous fidèles pour les mettre en fuite, vole la nourriture des autres oiseaux, vit en solitaire… Le *Cimbrin* semble ignorer les véritables dimensions de sa plume minuscule. Il se comporte comme si tout animal le voyant lui enviait sa magnifique parure. À certaines époques de sa vie, l'unique et belle plume perd de son élégance et ses barbes s'effilochent. L'oiseau frotte ses yeux contre les pare-chocs. À mesure que le temps passe, la chute s'accélère et le *Cimbrin* voit son système nerveux atteint. Le mouvement des ailes et des pattes augmente. Il fait des gestes brusques, gazouille de plus en plus fort et, dans certains cas, opacifie le son métallique des klaxons. Le petit oiseau s'arrache les yeux, mais ne peut s'empêcher de toucher du bout de la langue l'avance de son mal… La plume bleue n'est plus qu'une arête osseuse. Le *Cimbrin* ne mange plus, perd le chant, faiblit, il se cache dans son nid, en ferme l'unique ouverture et attend… Le nid, faute de soins, se dessèche. Rapidement, il se détache du pare-chocs et, le véhicule qui l'hébergeait l'écrase – sans même s'en rendre compte.

HISTOIRES D'ERREURS QUI SONT HUMAINES

« Le ciel est sombre vers le nord. Peut-être qu'un ouragan va venir arracher ma petite maison à son champ debout et la déposer sur un arc-en-ciel. Peut-être que les éléphants vont se mettre à chier des diamants. »

Stuart Kaminsky,
Judith et ses nabots

62

Le cocotier

Dans le désert, sous un cocotier, un maître traite durement son élève. Celui-ci se plaint. Le maître lui montre une noix de coco : « Regarde bien ce fruit parce que c'est l'image de ton apprentissage : dur à l'extérieur mais plein d'eau à l'intérieur. »

63

Les traces

Un fou se plaignait continuellement de ce que ses empreintes le poursuivent jour et nuit. Au lieu de rester tranquille et de s'asseoir à méditer, il se lança dans une fuite éperdue jusqu'à tomber mort… de fatigue.

64

Les nombres

Un angoissé qui ne pouvait pas supporter que deux et deux fassent quatre entra dans une secte religieuse où on lui dit que deux et deux faisaient cinq. Il se sentit heureux et illuminé.

65

Le violon

Dans une vitrine se trouvait un violon. Ceux qui le voyaient disaient que c'était un objet inutile, qu'il ne servait à rien. Quelqu'un l'acheta et essaya d'en jouer : il n'obtint que des grincements et d'horribles piaulements. Le trouvant désagréable, il en fit cadeau à un ami qui en tira des sons merveilleux. Le donneur, envieux, traita le musicien de farceur : il avait inventé un truc et voulait faire croire que cet objet inutile émettait de la musique. Il n'y a pas de miracle !

66

La plante dans son pot

Une bonne plante dans une mauvaise terre ne peut montrer sa vertu, développer toute sa force latente. On doit la porter dans une bonne terre pour qu'elle puisse montrer toute la luxuriance de son être. Combien de terrains vaniteux refusent à donner de leurs sels minéraux à des semences qu'ils méprisent, perdant ainsi l'occasion de couvrir leur surface de fruits aussi merveilleux qu'exubérants !

HISTOIRES DE MORALITÉS EN QUÊTE DE FABLES

« Une façade de sagesse pour mieux dissimuler la sagesse. »

Robert Silverberg,
L'Homme dans le labyrinthe

67

Cinquante-trois morales en quête de fables

Bienheureux celui qui ne parle pas mais qui agit et qui le fait avec amour.

Mieux vaut une petite réalité qu'une grande illusion.

La liberté : se connaître soi-même et agir en accord avec ce que l'on est.

Donner c'est savoir recevoir parce que qui reçoit engendre et qui engendre partage.

Pour construire une œuvre parfaite commence par bien te construire.

La non-action consiste à ne pas t'empêcher de réaliser des actions qui naissent naturellement en toi et à ne pas provoquer en toi la naissance d'actions qui ne te sont pas naturelles.

La solitude c'est de ne pas savoir être avec soi-même.

Apprends à tomber et tu sauras te tenir debout.

Le chemin n'est pas infini : tu le fabriques à mesure que tu avances.

Triompher c'est apprendre à échouer.

N'aie pas peur de ceux qui veulent te faire du mal mais de ceux qui peuvent t'en faire.

Celui qui parle ne peut écouter.

Tout sacrifier y compris la part de soi-même qui sacrifie.

Le plus important pour réaliser une œuvre c'est de vouloir la commencer et de pouvoir la terminer.

Un homme atteint la plénitude de ses forces quand il a appris à ne plus nuire.

Plus l'émotion *s'exprime* dans les paroles moins s'établit une relation vraie.

Si tu regardes trop le ciel tu buteras contre le sol.

L'étroitesse de pensée engorge le cerveau.

Tu arrives à la maturité humaine quand tu apprends à accepter et à aimer les valeurs de l'autre.

Il faut enseigner aux riches à donner et aux pauvres à ne pas demander.

Le bonheur c'est d'être chaque jour moins angoissé que le jour précédent.

Ne marche pas sur le chemin tracé par d'autres. Crée le tien.

Ce n'est pas donner qui est mal mais obliger à recevoir.

Cesse d'avoir peur de la mort, tu n'en aimeras que davantage la vie.

Il n'y a rien de nouveau sous le soleil mais le soleil se renouvelle chaque jour et les *vieux* objets de la terre sont éclairés par une lumière chaque jour nouvelle, différente, récemment née.

La force c'est de se laisser emporter par le vent parce que le vent sait ce qu'il fait.

Plus tu feras d'efforts pour te libérer de tes racines plus elle croîtront. Laisse-les se détacher naturellement de toi. Ce ne sont pas elles qui t'enchaînent. Mais c'est toi qui les cultives.

Si tu cherches la lumière suis l'ombre.

Le plus grand bien que tu puisses demander à un puissant c'est qu'il ne te nuise pas.

Un gouvernement ne doit pas s'imposer par la force mais créer un ordre dont il fasse lui-même partie.

Le médiocre croit que la liberté c'est le droit de choisir son maître.

Ce que l'homme possède de plus fort ce sont ses faiblesses.

La grandeur ou la petitesse dépend de notre degré de conscience.

La finalité de la critique c'est de préparer la naissance de la beauté.

Pour pouvoir détruire il faut d'abord créer.

L'unique vérité c'est la vérité de l'illusion.

La meilleure méthode pour apprendre à cuisiner c'est un long jeûne.

Le son du fouet quand il ne blesse pas est musical.

Le saint en dévoilant sa sainteté la perd par indécence.

En cet instant rien n'est plus beau que l'instant même.

L'unité ce n'est pas la somme des contraires mais l'exclusion des contraires.

Ce qui est nécessaire est possible. Chaque soif crée son eau, chaque nourriture sa bouche.

Les vices sont des exagérations de la vertu.

Altérer un univers harmonieux ce n'est pas un symbole de puissance mais d'impuissance.

En fin de compte, il n'y a qu'un seul objet et cet objet c'est l'Univers.

Le plaisir du pouvoir c'est le caprice.

Le seul moyen de connaître l'homme c'est au travers de ses limites.

La musique toute la musique n'est qu'un hommage au silence.

Certaines personnes croient qu'elles sont modestes parce qu'elles ont appris à dissimuler leur grande vanité.

L'art c'est la liberté totale à l'intérieur d'une prison.

Comme personne ne m'a pris en pitié
j'ai eu pitié de tout le monde
moi excepté.

Dans ton invisibilité se reflète mon vide.

Cela
seulement cela
et rien de plus.

HISTOIRES DE PLANTES

« La Ford roulait sur un reflet renversé et fondu du front, plus surprenant que le front lui-même. »

W.-R. Burnett,
Rien dans les manches

68

Les graines vaniteuses

D'un hélicoptère quelqu'un laissa tomber, par hasard, une poignée de graines sur le sommet d'une montagne. Croissant, elles devinrent de magnifiques plantes qui bientôt se congratulèrent longuement : « Quels bons alpinistes nous faisons ! Regardez jusqu'où nous sommes montées ! »

69

L'oranger glouton

Un oranger avait grandi au milieu d'une prairie. Il était sain, beau et fort. Ni les violentes tempêtes ni les pluies torrentielles n'avaient su vaincre la formidable puissance de ses racines. Comme un défi vert, ivre de sève, il parfumait de ses exquises fleurs l'aride lumière solaire et ses oranges étaient des hurlements mauresques illuminant le silence de la nuit. Les fruits juteux pendaient sensuellement, se sentant protégés par ces branches de fer et, avec euphorie, transformaient en sucre les minéraux que l'épineux arrachait aux mystères de la terre avec un amour infini... Cependant il se trouva une orange pour se sentir différente. « Je suis la plus belle, la plus parfumée, la plus douce ! Ma peau est suave comme la soie. Pourquoi cet arbre ridicule répartirait-il une même quantité de sève entre mes sœurs (inférieures !) et moi ? »... L'orange, avec l'intensité avide de l'hallucination, se mit à sucer le liquide nutritif sans attendre qu'on le lui dispense. Elle grandit, grandit, devint énorme. Les autres oranges ne tardèrent pas à se dessécher. Bientôt, ce fut le tour des fleurs puis des feuilles. La gloutonne persistait et pompait goulûment la nutritive substance. Elle devint obèse, obscène. Son poids la fit toucher le sol. L'arbre, qui avait été un titan, devint un misérable esclave ; son tronc plia pour servir la géante vorace. « Rien ne me satisfait : je veux être toujours plus grosse ! »… L'orange se prenait pour le joyau de la prairie, grasse, gloutonne, par l'intermédiaire de l'arbre, elle consomma inlassablement les énergies de la terre. Un beau jour, quand le sol fut complètement épuisé, l'oranger mourut. Et l'orange resta là, avec ses parois lisses, sans savoir que faire… L'été la dessécha, l'automne la gerça, l'hiver la pourrit et, au printemps, les vents alizés balayèrent ses restes noirs sans laisser de traces.

70

L’arbre impatient

Une peau blanche, glaciale, recouvre la terre. Couverte de neige, la végétation endormie végète, et dans leurs tanières ronflent les animaux sauvages. Momifiés, au fond de leurs nids, les oiseaux rêvent à des bandes piaillardes qui multiplieraient dans leurs ailes vernies les rayons écarlates du soleil… Au cœur de l’hiver, un arbre qui ne dort pas pense : « Pourquoi dois-je attendre le printemps pour donner mes fruits ? Je veux fleurir aujourd’hui même et non demain ! » Il étire ses racines vers des gisements chauds, suce leur énergie ; au risque de se faire éclater les veines, laisse monter une sève formée avec douleur ; comme des hurlements, croissent au bout de ses rameaux écorcés des bourgeons. Les feuilles neuves, impertinemment vertes dans la brume grisâtre, avec une volonté de fer, déplient leur amande fragile. L’arbre, léonin, fait fondre les poignards de glace, se secoue, brûle des jus terrestres, vomit des fleurs de velours délirant et, pour finir, dans un gigantesque craquement utérin et multiple, enfante des oranges en hurlant : « J’ai triomphé : mes fruits, au milieu de la neige, brillent comme des soleils ! » Mais c'est l'hiver et personne ne peut entendre son chant d'allégresse. « Je suis ici, centre de vie au cœur de la mort ! Réveillez-vous ! Oiseaux, mangez mes fruits de miel ! Quadrupèdes, savourez ma chair tendre ! Insectes : submergez vos trompes dans mes calices juteux ! Je suis un don d'amour, ne me laissez pas seul ! »... Tous dorment et règne un profond silence de ouate. Les fruits dorés, stériles, pourrissent... Vient le printemps. Le soleil, jeune, avec la vitalité d'un bouc, fait trembler la terre sous la caresse de ses rayons et une douce brume monte accompagnée des langoureux gémissements de la passion. Sans effort, les arbres fleurissent, les oiseaux dévorent leurs fruits et laissent tomber les graines. Apparaissent de nouveaux bourgeons aux desseins puissants qui enrichissent le bois luxurieux... Gisant au fond de la vase, comme un grand ver noir, l'oranger impatient voit avec désespoir un tapis de fourmis s'emparer de son squelette calciné et lentement le ronger.

71

L'arbre plat

Un homme, qui ne connaissait rien à la campagne, se fit construire une maison hors de la ville, près d'une route. Chaque fin de semaine il s'y rendait pour s'y reposer. Un jour, par accident, un camion laissa tomber un sac de graines. Notre citadin les ramassa et, sans savoir qu'il s'agissait de graines de pommier, en les voyant si lisses, si douces, s'imagina qu'elles produiraient un arbre aux branches lisses, sans fruit et aux feuilles veloutées... Enthousiaste, il mit les graines en terre et, quand l'arbre grandit, il trouva la perfection de ses branches aussi suave que les bras de l'aimée. Sa joie fut de courte durée : il croyait que l'arbre était arrivé à la perfection, mais nota bientôt avec dégoût qu'à travers le feuillage se développaient de curieuses protubérances. Il s'écria : « Il est malade ! Il est plein de tumeurs ! » Très vite, les bosses rougirent, commençant à se transformer en pommes. L'homme, aveuglé, continua à penser qu'il s'agissait d'excroissances malignes et décida de les emmailloter dans des bandages. À chaque endroit où croissait un fruit, il noua avec force des morceaux d'étoffe pour empêcher que la « maladie » ne se propage. L'arbre lutta avec angoisse, essayant de croître. Mais il était si serré, si comprimé que sa tâche devenait impossible. Comme la sève ne circulait plus, que les pommes ne grossissaient plus, que les feuilles ne présentaient plus leurs ventres au soleil, l'arbre languissamment finit par se dessécher. Plein de tristesse, le citadin ouvrit avec beaucoup de commisération ses bras à côté du tronc noirci et s'écria : « Pauvre végétal, j'ai fait ce que j'ai pu pour le sauver mais le destin en avait décidé autrement ! À peine était-il devenu une plante aux branches lisses, sans fruit et aux feuilles veloutées, que survint cette peste qui fit tout échouer. Repose en paix ! » Il creusa une grande fosse et y enterra les restes du pommier. Prenant une autre poignée de graines, il les planta et se prépara à attendre la croissance d'un nouvel arbre lisse, sans tumeur. Aussi eut-il recours à une cloche de verre protectrice.

72

Les nuages de pierre

Sous une terre fertile, deux semences germaient. Une, qui voulait acquérir des formes droites, ne cessait de tirer des plans avec une confiance aveugle en la réussite de sa vie future : « Quand je serai grande, je deviendrai un arbre élancé et frondescent qui arrivera jusqu'au ciel ! » L'autre graine, curviligne, ne concentrait ses forces que sur la poussée, acceptant calmement ce que le destin lui réserverait… Très vite elles sortirent de terre ; le temps était agréable et le ciel d'azur. Les pluies généreuses leur permettant une croissance rapide, elles devinrent de fringants arbustes. Celle qui avait échafaudé des plans étirait ses rameaux vers le haut : « Je monterai si haut et je serai si forte que ma tête feuillue caressera le soleil ! » L'autre laissait ses branches se développer à leur guise, en ne leur imposant aucun chemin, obéissant ainsi aux desseins secrets de sa nature : « Je serai ce que je devais être ! »… L'été passa. Le vent apporta de lourds nuages de pierre, gris et durs comme le granit ; par malheur ils s'immobilisèrent à l'endroit même où croissaient ces deux arbres. Le premier arbre voyant que les cumulus lui bouchaient le passage vers les hauteurs se désespéra et, miné par la fureur, il voulut casser la nappe pierreuse à coups de branche et de houppe. Le second fit de même, mais sans s'énerver. Tous deux parvinrent à la conclusion suivante : ces nuages étaient incassables. Au lieu de croître en ligne droite, celui qui jusque-là avait opté pour la philosophie de la courbe changea de direction et décida de ramper. L'autre, très digne, droit comme un i, méprisa son camarade : « Plutôt mourir que ramper ! » Et, ayant perdu tout espoir de réaliser son rêve, il cessa de s'alimenter et se dessécha. Son compagnon d'infortune persista en essayant de trouver horizontalement une sortie. « Pour grand que soit un nuage de pierre, il ne pourra jamais couvrir tout le ciel ! » Entre deux pierres, il trouva une lézarde. Il s'y glissa et sortit en pleine lumière, dépassant la mer de granit. Sans l'avoir projeté, naturellement, il atteignit ainsi les plus hautes sphères du firmament.

73

Le dragon et la semence

Dans une région douce et tempérée, caressée par les pluies jaillissant suavement de purs nuages, croissaient de salutaires plantes médicinales gratifiant l'air ambiant de tendres et amoureux parfums. Loin de là vivait un dragon à l'haleine empoisonnée et à la langue flamboyante. Bien qu'herbivore, cet animal fabuleux détestait les fleurs. À peine en voyait-il une qu'il la souillait de l'acide hippurique gangrénant ses urines. Ayant appris l'existence de cette merveilleuse région, il décida de l'anéantir. Il commença par brûler les champs en les réduisant en cendres jusqu'à la racine. Les plantes, sentant leur fin proche et constatant leur impuissance face à un tel ennemi, se fanèrent, pâlirent et laissèrent leurs atours multicolores devenir de rachitiques boutons. Cependant une petite touffe d'herbe, la plus humble, avec toute la force de son âme entreprit de fabriquer une semence. Elle mit dans cette minuscule capsule ses diagrammes les meilleurs : feuilles d'un vert exubérant, fleurs intenses, calices sensuels, pollen vivace, racines profondes, pousses somptueusement nobles.

Quand tout cela fut effectivement gravé dans la mémoire de la semence, la plante se transforma peu à peu, acquérant bientôt les formes ragoûtantes d'une belle salade pommée. Ses amies lui dirent : « Pourquoi dépenses-tu tant d'énergie en changements et en désirs puisque tu es si proche de la mort ? » Elle répondit : « Il est des destructions qui sont des commencements ! » Et elle continua à grossir. Bientôt le dragon arriva et, en voyant cette énorme plante vive au milieu de toutes les autres malades, ivre de gourmandise, au lieu de la brûler, préféra s'en repaître goulûment. La plante fut digérée mais la semence s'accrocha aux parois granuleuses de la tunique stomacale, elle y germa, y grandit à travers les réseaux fibreux de la chair et finit par sortir en pleine lumière au milieu des écailles. La bête, se tordant de douleur, mourut. Parmi les restes putrides et nauséabonds du monstre vomisseur de flammes, le végétal continua sa croissance. Il toucha bientôt terre et, avec la force nouvelle pompée au dragon, avec la beauté superbe et conservée du diagramme, produisit des boutons, des fruits, des semences et une descendance puissante, noueuse, capable de repeupler toute la région et de lutter désormais contre un troupeau entier de monstres.

74

L'arbre immortel

Quand j'étais enfant, mon grand-père me racontait des histoires pour que je m'endorme. Ma préférée, c'était celle de l'arbre immortel. Le vieil homme affirmait que dans un lointain pays, au centre d'un jardin merveilleux, existait un arbre impérissable. Je grandis pensant que la finalité de ma vie ne pourrait être autre chose que la recherche de ce végétal éternel. Au collège, au lieu d'apprendre mes leçons, je faisais mille rêves et échafaudais des centaines de plans. « Je le rencontrerai et je percerai son secret : moi aussi je serai immortel ! » J'ai parcouru la planète tant d'années à la recherche de cet arbre ! J'ai traversé les continents en posant des questions à des milliers de paysans : « Vous connaissez un arbre immortel ? » Personne ne sut me répondre. Au bout de tout ce temps, alors que j'avais perdu tout espoir de le retrouver, un chevrier qui faisait paître son troupeau au sommet perdu d'une montagne me répondit : « Je connais un vieux qui sait où il se trouve ! » Il me conduisit dans une grotte à l'intérieur de laquelle vivait un homme ridé comme une momie. « Viens, mon fils », balbutia-t-il avec sa bouche édentée, « derrière ces rochers se trouve le jardin que tu cherches ! » Effectivement, resserré entre les hautes parois des montagnes, se répandait un magnifique verger lourd d'herbes grasses et parsemé de fleurs parfumées. Le vieillard m'emmena au centre pour me montrer un trou dans la terre. « De l'arbre, il ne reste que cela ! » Moi, consterné, je lui dis : « Mais, où est l'arbre ? » Il me répondit : « Essaie de comprendre : l'arbre immortel n'a pas besoin de se reproduire pour se maintenir en vie. Il a éliminé ses fleurs, ses fruits et ses graines ! Un arbre immortel n'a pas besoin de feuilles, qui ne lui servent qu'à recueillir la nourriture du soleil pour maintenir la vie. Il n'a pas besoin de branches, qui ne lui servent qu'à soutenir les feuilles, ni de tronc, qu'à soutenir les branches. Et encore moins besoin de racines, ne lui servant qu'à absorber les éléments dont il se nourrit. Un arbre éternel n'a pas besoin de se nourrir ! Comme tu peux le voir, l'arbre devenu immortel n'eut plus de besoin de racines, de tronc, de branches, de feuilles, de fleurs, de fruits, de semences. Ne resta de lui que ce trou. »

HISTOIRES D'OBJETS

« Lorsqu'un homme est condamné à la pendaison, il est préférable pour lui d'avoir de lourdes bottes plutôt qu'un cou solide. »

Jim Holdaway,
Romeo Browl

75

La dernière graine

Peu à peu, le Pouvoir greffa des machines sur le corps des citoyens qui, mi-robots mi-hommes, s'affairant dans les dédales d'une ville de métal – véritable fourmilière couvrant la partie solide du globe –, étaient contrôlés par d'implacables cerveaux électroniques. À l'intérieur des cerveaux, enfoncées jusqu'aux couches les plus profondes, des sondes, prêtes à en brûler les cellules et les centres nerveux, surveillaient étroitement le développement des pensées subversives. L'ennemi principal, c'était le naturel. Aussi ne restait-il plus ni animal ni plante. L'oxygène, la nourriture, les matériaux, tout était fabriqué par d'immenses usines atomiques et, le sol, afin d'empêcher toute intrusion de l'anarchique élément appelé *terre*, avait été recouvert d'une épaisse couche de plastique gris s'étendant de la cime des montagnes aux fosses abyssales des océans... Un jour, dans une malle oubliée durant des siècles, un de ces mécanismes humains trouva une graine, sans aucun doute la dernière de la planète. La graine, contrastant avec ce monde mathématique et froid, parce que la puissance qu'elle renfermait était incommensurable, parce que le mystère qu'elle portait était celui de la vie même, innocemment lovée en cette paume où les lignes de la main étaient des transistors, provoqua une telle crise de larmes et une prise de conscience si grande, qu'elle contraignit l'homme à s'arracher les appareils greffés sur son corps, en poussant d'horribles hurlements de douleur. Il courut à travers les rues d'acier pour montrer sa fantastique découverte à une foule à moitié morte et apathique, comme s'il s'était agi d'une lampe fabuleuse susceptible d'apporter la lumière au monde. Les ordinateurs donnèrent l'alarme. La planète, tout à coup sourde et aveugle, devint un globe silencieux et froid. Tout le monde s'arrêta de penser et de bouger. Un robot géant détecta le citadin fou et en quelques secondes se retrouva à côté de lui : levant une botte de plusieurs tonnes, il l'écrasa avec une telle fureur que le corps, réduit en bouillie, traversa la couche de plastique et s'enfonça dans la terre. Des engins spéciaux bouchèrent le trou qui crachait des lambeaux de plastique gris et la fourmilière continua son incessante activité. Il semblait que rien n'avait changé… Cependant, au milieu des restes déchiquetés de l'homme, dans la boue nourrie de son sang, sous l'épaisse nappe de plastique, la graine germa : très vite le sol se couvrit de racines, la puissante vie végétale fit éclater les rues, l'invasion devint incontrôlable, terrible, et les hommes, recouvrant la mémoire, décidèrent d'en finir avec le Pouvoir tyrannique qui les avait opprimés…

76

Un poste de radio vaniteux

Un poste de radio, lorsqu'il diffusait de la musique classique, pensait : « Quel grand compositeur je suis ! » Lorsqu'il communiquait une information affirmait : « Qu'est-ce que je sais comme choses ! Comme je suis cultivé ! » À l'heure du feuilleton, il assurait : « Je suis un magnifique auteur dramatique ! » Et ainsi se vantait-il à longueur de journée : « Je sais tout faire : je chante, je récite, je prononce des discours politiques. Je suis un génie ! » Soudain, un jeune chat qui jouait avec le fil électrique tira sur la prise de courant et débrancha la radio. L'appareil, désespéré, gémit : « Me voilà comme un idiot ! Je ne peux plus rien créer ! »

77

La machine et la petite boule

Il était une fois une petite boule qui vivait très contente au sein de sa sphérique simplicité. Un jour, apparut une gigantesque machine au mécanisme compliqué. Elle se rapprocha de notre amie et, avec fureur, lui décocha : « Je suis une structure construite pour attaquer les petites boules ! Viens te poser sur ma plate-forme "A" ! » La sphère, ne connaissant pas la peur, se mit à l'endroit qu'on lui indiquait. La machine répéta comme un perroquet la leçon programmée dans ses circonvolutions d'acier : « Tandis que la victime se pose sur la plate-forme "A", elle tremble de peur et met en mouvement ma grande guillotine "B" qui la décapite ! »… En terminant son communiqué, elle se rendit compte que rien n'était arrivé. La petite boule, aussi tranquille qu'au plus profond de sa tanière, ne bougeait pas. La machine vociféra un ordre : « Allons, tremble comme toutes les autres petites boules sans défense ! » Le petit être lança un pff de mépris. Le monstre mécanique, soudain soucieux, la supplia : « Tremble ! Je t'en supplie ! » Il ne reçut pour toute réponse qu'un nouveau pff en plein écrou… Si la machine avait eu des genoux, elle se serait agenouillée pour implorer la jeune inconsciente. « Si tu ne trembles pas, je ne peux me mettre en marche. Ma seule raison d'être, c'est la destruction des petites boules… Si… si je n'accomplis pas ma mission ma vie n'a plus de sens ! » Notre amie, trop intelligente pour s'offrir en holocauste, ne grelotta pas. L'immobile situation paraissait prendre la voie du perpétuel. Vint l'hiver et avec lui d'abondantes chutes de pluie. Les gouttes glissaient sur les parois lisses de la petite boule mais pénétrèrent profondément dans les mille replis de la machine et y demeurèrent. Le mécanisme, oxydé par l'inaction, finit par tomber en ruine. La petite boule repartit vers ses occupations, heureuse comme toujours… et en roulant tranquillement.

78

La sphère et le cubovidé

Dans une bourgade, dont je ne peux me rappeler le nom, gisaient deux buttes antinomiques : l'une de cubes, l'autre de sphères. Au sommet de l'une, un cube se lamentait : « Je ne suis qu'un cube parmi les cubes ! Que vaut ma vie si elle ressemble à celle de tous les autres ? » Au contraire, au sommet de l'autre, une sphère se disait : « Je ne suis pas encore assez sphérique ! Je dois améliorer mes courbes ! Je dois arriver à la perfection ! » Le cube l'entendit : « Boule stupide : non seulement tu te contentes de ce que le sort t'a donné, mais en plus tu veux éliminer tout ce qui peut te distinguer de la masse du troupeau pour ressembler à tout le monde ! Je ne suivrai pas ton exemple ! Je veux changer ! Je veux être une vache ! » Faisant des efforts surcubiques, et au prix d'une intense douleur, il réussit à transformer deux de ses arêtes en cornes, un angle en queue et, se malmenant furieusement, il transmuta sa matière en pattes, se créa une tête, des pis et devint une vache. Il put alors courir dans l'herbe en beuglant de plaisir… Il était au comble du ravissement :

« Meuh ! Meuh ! J'ai triomphé ! Je ne suis plus un cube parmi les cubes ! » La sphère lui répondit : « Maintenant tu es une vache parmi les vaches ! » Le ruminant au pied fendu fit une moue de mépris et, d'un grand coup de langue, envoya la boule rouler au loin, avant de réintégrer le troupeau qui paissait calmement. Un boucher, à la recherche de viande fraîche, arriva bientôt dans le pré. La sphère cria alors au cubovidé : « Change de forme pendant qu'il est encore temps ! Chaque jour j'ai affirmé et affiné mon être courbe ; rebondissant avec toujours plus de facilité, je ne tombe plus ; j'ai appris à flotter… Aujourd'hui, tandis que l'on te conduira à l'abattoir, je m'élèverai lisse et légère… » Effectivement, le boucher lia les pattes du bovidé, sectionna la jugulaire et, après l'avoir vidé de son sang, lui ouvrit le ventre de haut en bas pour en extraire les intestins… Tandis que sa viande, découpée en quartiers sanguinolents, pourrissait lentement dans les barquettes cellophanisées des congélateurs d'une grande surface, son ancienne amie sphérique jouait avec les astres du ciel, telle une planète brillante et minuscule prête à créer et à donner la vie.

79

Les deux chemins

Pour arriver au monde merveilleux de la Géométrie, il n'y a que deux chemins : la ligne droite et le labyrinthe. La ligne droite est semée d'embûches ; les chemins du labyrinthe sont propres et impeccablement pavés... Un jour, un cube et une sphère décidèrent de faire la course. Le premier dit : « Comme je suis un cube intelligent, je choisis le labyrinthe ! », et la seconde : « Comme je suis une boule imparfaite, je choisis la ligne droite ! » Le tournoi commença. La sphère tourna rapidement sur la droite, mais très vite rencontra une quantité invraisemblable d'objets hétéroclites qui freinèrent considérablement sa progression. Elle dut enjamber et escalader des bottines vernies, des poissons debout sur leurs queues, des machines à moudre le velours, des berceaux porteurs de noires membranes, des ailes d'or et des jambes de bois. Quelle fatigue pour n'avancer finalement que de quelques mètres !... Par contre, le cube se glissa comme un traîneau sur les douces avenues du labyrinthe, pensant : « Boule folle : elle ne s'est même pas rendu compte que la distance la plus courte entre deux points ce n'est pas la ligne droite mais la trajectoire qui offre le moins de résistance ! » Frais et dispos, il passa en vainqueur la ligne d'arrivée. Derrière venait la sphère, morte de fatigue et brillante de sueur. Le cube s'exclama : « J'ai gagné ! Ce monde m'appartient ! Tu n'as pas le droit d'entrer dans ma propriété ! » La boule n'y fit pas attention et se planta au beau milieu du monde merveilleux de la Géométrie, comme si elle était le cœur même de cette aire déjà centrale. « Je t'expulserai ! », vocifera le cube. « Pff », lui répondit avec mépris la sphère. Le cube sauta sur la sphère pour tenter de la clouer avec une arête, mais comme l'effort qu'elle avait fourni l'avait endurcie – alors que la facilité avait ramolli les angles du cube –, il éclata en mille morceaux rectilignes. Avant de tomber désagrégé, le cube insista : « Malgré tout, c'est moi qui ai gagné puisque je suis arrivé le premier ! » En se dissolvant dans les limbes des volumes morts, il entendit la boule qui lui disait : « Qu'importe : tu as été le premier, sans doute, mais c'est moi qui reste ! »

80

Le clou et le doigt

Au cœur d'une belle région, se dressait une planche majestueuse, traversée à l'une de ses extrémités par un clou d'acier long et brillant. Le climat était doux, la terre parfumée et le ciel transparent. Une paix éternelle semblait submerger tout. Le clou se sentait bien, le vent faisait vibrer son corps mince. « Je fais de la musique, je suis heureux ! », pensait-il avec délice… Bientôt arriva un petit doigt. En voyant notre ami, il s'exclama : « Comme c'est beau ! Comme j'aime sa musique ! Je l'adore ! » Son amour était tel qu'il aurait bien voulu étreindre son aimé. Le clou l'avertit : « Attention, mon acier est plus effilé que celui d'un scalpel, tu peux te blesser ! » « Aucune importance », répondit le petit doigt. « Laisse-moi m'en approcher… », ajouta-t-il timidement. Mais lorsqu'il se jeta sur lui la pointe le traversa de part en part. De sa blessure jaillit une goutte de sang. « Doigt fou : si tu continues tu te détruiras ! », protesta le clou. Mais le doigt aveuglé par sa passion répondit : « Je veux toucher le fond ! Te connaissant tes secrets seront miens ! » Et il poussa tant et tant qu'il s'enfonça profondément jusqu'à toucher du bout du doigt la rugosité de la planche. L'obstacle le désespéra : « Oh ! ce bois m'empêche d'arriver à la tête ! Enlève-le ! » « Je ne peux pas ! La planche me soutient, elle est la base de ma force et de mon chant ! », expliqua le clou. Le doigt pleura : « Quelle déception ! Je ne pourrai jamais te connaître entièrement ! Je te hais ! » Et il s'arracha du clou d'acier en criant de douleur. « On essaye de me détruire ! Au secours ! »... Immédiatement, ses quatre frères arrivèrent et, le voyant saigner si abondamment, accusant le clou de détournement de doigt mineur, ils le traitèrent d'obsédé sexuel et de criminel. Ils se ruèrent sur lui et le plièrent tant qu'ils le cassèrent. Ils dirent alors au petit doigt : « Maintenant, il ne te fera plus de mal ! Oublie-le ! » et partirent. Mais très vite, le petit doigt commença à s'ennuyer... Il vit un splendide cactus qui étirait ses bras vers le soleil. « Oh, ses épines brillent comme des astres ! Je l'aime ! Je veux l'étreindre ! » Le cactus l'avertit qu'il devrait faire attention, mais le doigt, enivré par sa passion, ne voulut pas l'entendre : « J'aime ton vert radieux ! Je t'adore ! Laisse-moi me rapprocher de toi ! »...

81

La prison digitale

Une main était emprisonnée dans un gant de briques. Les cinq doigts, captifs, regrettaient ces jours de liberté où ils avaient pu saisir un verre, jouer de la guitare, caresser une peau douce. Écrasés par les murs froids, ils voulaient s'enfuir. Le pouce, tristement, confessait son impuissance en disant : « Si j'avais un éléphant je pourrais faire tomber ces murailles ! Mais où trouver une bête si puissante ? » L'index gémissait : « Oh, si j'avais un canon, je pourrais démolir ce cachot ! » Et il passait ses journées à élaborer des plans pour trouver l'arme salvatrice. Le médium voulait avoir une locomotive qui enfoncerait le gant rigide et, appuyant son ongle contre le mur, rêvait à des roues d'acier, des rails polis et de puissants moteurs. L'annulaire, plus extrémiste, s'illusionnait en pensant qu'il pourrait construire une bombe s'il possédait les matériaux nécessaires. Les quatre doigts gémirent : « Ah, si nous possédions ce dont nous avons besoin, nous pourrions nous échapper ! Mais comme ça, avec le bout des doigts vide, c'est impossible de sortir ! La seule chose qui nous reste c'est de supporter cette prison avec dignité ! » Le petit doigt, sans parler, sans faire de plans, sans se lamenter, incroyablement patient, se mit à gratter le mur de sa cellule avec un ongle. Il y passa un temps infini. Crac ! Le petit doigt arriva à traverser la barrière de briques et sa digitalité sentit le picotement de l'air pur. Libre ! Les autres doigts, surpris, s'exclamèrent : « Comment as-tu pu creuser les murs de cet enfer, sans aide ? » Le petit doigt, fier de son exploit, répondit : « Étant donné que je ne pouvais pas trouver de l'aide à l'extérieur, je l'ai trouvé à l'intérieur : je me suis aidé moi-même ! Tandis que vous étiez perdus dans vos élucubrations en train de tirer des plans sur la comète, je grattais le sol… Une simple égratignure m'a été plus utile que la plus grande de vos idées ! » Ses frères le louèrent, en l'enviant… Quand le petit doigt essaya de sortir pour jouir de sa liberté toute neuve, il se rendit compte qu'il ne pouvait le faire : les autres doigts étaient encore prisonniers et, comme ils étaient nés de la même main, tout le monde devait s'échapper… ou personne…

82

Les orgueilleuses bouteilles

Dans les caves d'une vieille demeure, au milieu des aristocratiques fromages et des saucissons de race, conversaient des bouteilles. Le champagne proclamait l'éminent parfum de son pétillement, la transparence ambrée de son liquide et, certain de sa noblesse, se permettait, hautain, de mépriser l'Univers. Le vin, d'un rouge si épais qu'on l'aurait pris pour l'encre de la nuit, comparait sa liqueur à des amours, à l'extase mystique et, orgueilleuse bouteille, croyait être le symbole de la vérité éternelle. Une carafe d'eau se disait l'image même de la pureté et s'identifiait à la fibre douceâtre qui tissa la matière. Chaque bouteille se prenait ainsi pour le nombril du monde ! Un jour, un majordome emporta les bouteilles d'alcool pour un banquet. Quand les invités eurent délicatement avalé les précieux liquides, les récipients, maintenant inutilisables, allèrent rejoindre d'autres rebuts gisant au pied d'une montagne d'ordures. Qui allait désormais y prêter attention ? Un enfant, peut-être, pourrait s'en servir comme cibles… La carafe, entre-temps, avait perdu son bouchon et l'eau commençait à se gâter. Elle se sentit malade, nauséabonde. « Je ne vaux plus rien, je suis une ruine ! » Un tonneau en bois, aux douves artisanalement cerclées, essaya de la calmer : « Madame, je crois que vous commettez une erreur : pourquoi vous sentez-vous changée, alors que votre cristal a été, est et sera toujours le même ? Vous n'êtes pas votre contenu : le liquide que vous emprisonnez ne vous appartient pas, et s'il se gâte, il vous suffit de le jeter et d'aller chercher de l'eau à une source pure ! Au début je fus plein de cognac et ce n'est pas pour cela que je me suis identifié à l'alcool qui me remplissait : j'ai laissé son parfum m'imprégner, et quand ils me vidèrent mon bois parfumé recueillit avec joie un autre vin plus humble auquel j'apportai la saveur de l'expérience antérieure. Ainsi, faites comme moi qui me suis toujours senti tonneau : vivez-vous carafe et non eau ! Que votre pourriture actuelle reste ce qu'elle est : une expérience qui n'affecte en rien l'essence de votre vie, le cristal ! »

83

La pierre repentante

Plusieurs enfants commencèrent à lancer des pierres en direction du ciel pour voir qui les lancerait le plus haut. Les galets, qui durant des années avaient reposé sur la terre, tirés de leur léthargie, remerciaient avec dévotion ces petites mains et s'abandonnaient, euphoriques, à l'impulsion vivifiante qui les propulsait en direction du firmament. Une des pierres, se retrouvant entre les mains de l'enfant le plus robuste de la bande, se confondit en remerciements impatients et en bénédictions superflues : « Je jure que jamais je ne t'oublierai : une fois en haut, je saurai te remercier comme tu le mérites ! » Mais elle gomma de sa mémoire le lanceur, aussi rapidement qu'elle avait dépassé les autres projectiles dans sa formidable ascension. « Je ne dois rien à personne : je suis fille de ma propre force ! » Et un sentiment de mépris s'empara alors d'elle : « Je commande, et si quelqu'un parmi mes inférieurs ose le nier, j'ordonnerai qu'on le fusille sur-le-champ ! » Elle contempla l'éther infini et désira ardemment en atteindre le sommet. Cependant, en pleine apothéose, elle se rendit compte que sa course se ralentissait. Elle fit tout ce qu'elle put pour continuer sa folle aventure, mais bientôt, elle dut se rendre à l'évidence : elle était en train de s'arrêter… Pendant ces terribles secondes, elle pensa : « Je ne peux arriver plus haut, je dois le reconnaître. Mais je suis ici au-dessus de tous. Je dois m'emparer de ce niveau, en faire mon royaume et y demeurer toujours, fût-ce au prix de la mort des éventuels usurpateurs ! » Vaines illusions… Implacable, la gravité la fit tomber. Elle s'écrasa dans la poussière. Les enfants, aussi désagréables que déplaisants, cherchèrent d'autres pierres. La nôtre, sortant humblement d'on ne sait où, grogna : « Mes enfants, ne m'abandonnez pas, je ne vous ai jamais oubliés ! Tout ce que j'ai fait c'est à vous que je le dois ! Relancez-moi et je vous jure que cette fois mon remerciement se transformera en bien-être pour tous ! » Qui pouvait bien l'écouter ? Qui allait accorder la moindre importance à un caillou inerte ! Une autre pierre qui tomba près d'elle, et qui avait été moins ambitieuse, lui dit, ironique : « Puisque tu es si forte, pourquoi ne t'élances-tu pas toute seule à la conquête du ciel ? »

84

La pierre qui craignait l'océan

Sur ce haut promontoire rocheux qui émergeait de l'océan, une pierre gisait au bord de l'abîme, on ne sait depuis combien de millénaires. Sur cette côte déserte, il ne se passait jamais rien et il n'y avait apparemment rien à découvrir. Mais sous l'eau, à travers les courants agitant les fosses marines, d'infinis mystères s'insinuaient… Chaque fois que la pierre rêvait qu'elle était portée par les vagues, elle se réveillait en sursaut… et… en nage… Ce serait sa perte ! Et ici, elle passait son temps au milieu mouvant des arêtes, des coquillages vides et des bancs de sable. Soudain un violent tremblement de terre la détacha de son socle et la précipita dans l'eau bouillante ! Son corps lourd ouvrit le liquide dans un long craquement pulmonaire et le plongeon parut ne jamais prendre fin. À mesure qu'elle s'enfonçait, elle semblait se dissoudre sous d'épaisses couches de crasse écumante et boueuse. Quelle douleur ! Les courants maritimes la traînaient sur le fond rocheux, on lui arrachait la peau ! Douleur intense : un monstre l'engloutit ! Dans l'estomac du poisson, elle dut subir les violentes attaques des sucs gastriques ; cet enfer chimique et intestinal lui parut une éternité ; le monstre, parachevant sa digestion, l'excréta à plusieurs kilomètres de là dans d'autres phosphorescences marines. Ces rabotages successifs n'avaient servi qu'à adoucir davantage encore sa tendre écorce et à aplanir ses courbes. Et bien qu'elle ait été ballottée au milieu des séismes, des torrents, des tempêtes, des intenses changements de température, jamais sa structure interne ne cessa de résister aux multiples agressions aqueuses. Elle perdit sa peur ; se durcissant jusqu'à la moelle, elle acquit des formes si douces que le plus petit grain n'en interrompait la perfection. Une immense sérénité chargea chaque atome de sa matière et elle eut la certitude que rien, plus jamais rien, ne saurait l'ébrécher. Pour finir, un raz de marée la souleva et, miracle du hasard ou sagesse du destin, la déposa à l'endroit même qui avait été jadis son désolé berceau. Mais cette fois la roche était une sphère parfaite aux parois lisses comme des miroirs qui reflétaient les nuages dans leurs incessants changements, la lumière du soleil qui en faisait un astre, et l'obscurité de la nuit où brillaient comme des yeux divins les myriades d'étoiles. Et là, dans la solitude totale, cette pierre possédait enfin l'intense lumière d'une vie pleine, parce que dans son corps dansait et chantait l'Univers !

85

L'étoile déchue

Un terrible cataclysme ayant violemment secoué le ciel, une étoile s'en détacha et tomba dans les profondeurs de l'océan. L'astre n'était pas orgueilleux et peu lui importait de vivre en haut ou en bas, et comme son explosion interne était incessante et immense, sa brillance éclatante n'en fut pas arrêtée pour autant. Sa lumière envahit la ténébreuse obscurité du fond. Pour la première fois les poissons se virent tels qu'ils étaient. Et cela ne leur plut guère : la comparaison avec l'étoile était inévitable, et à côté de cette immense source phosphorescente leurs corps et leurs âmes ressemblaient à de minuscules et méprisables excréments. Lourds de furie et d'envie, ils avalèrent de la boue, et par bancs entiers fondirent sur l'étrangère, vomissant sur elle d'écœurantes déjections et la recouvrant d'une couche puante qui opacifia douloureusement sa joyeuse splendeur. L'étoile, en se voyant ainsi, oublia qu'elle était un émissaire du ciel, elle commença à se mépriser, elle pensa qu'elle ne valait plus rien puisque la raison même de son existence c'était de répandre la clarté.

Elle se terra, immobile, au fond d'une grotte. Peu à peu arrivèrent d'autres poissons aussi odieux que répugnants qui se collèrent contre elle, s'en servant comme de latrines. Cette situation dura une éternité, jusqu'à ce qu'un être, couvert d'écailles noires, entre lentement dans le refuge pour, découvrant une partie de sa poitrine, lançant un intense rayon de lumière, mettre en fuite la répugnante meute et réveiller l'astre déchu. « Qui es-tu, incroyable poisson, qui peux survivre dans cet enfer en conservant ta luminosité ? », demanda la pauvre petite étoile. « Je suis un astre comme toi, répondit le mystérieux personnage, le tremblement de ciel m'a aussi précipité dans la mer, mais je me suis rendu compte que dévoiler ma splendeur, au lieu de m'aider, ne ferait que me créer des ennemis, parce que les êtres petits ne supportent pas le voisinage de la grandeur. Si je veux faire le bien, ai-je compris, il faut que je me cache, afin que personne ne se rende compte de l'origine supérieure de mon aide. Viens : ne crois pas que tu ne vaux rien parce qu'ils ne t'aiment pas ! Ils ne t'aiment pas parce qu'ils ne peuvent te voir ! Et l'amour, sans la connaissance, n'existe pas ! » L'étoile arracha les plaques boueuses qui la recouvraient, se déguisa en monstre marin et en compagnie de son sauveur, partit, dissimulant son origine, répandre un peu de lumière sur l'ébène profonde des ténèbres.

HISTOIRES DE PROFESSEURS, DE MOINES ET DE MAÎTRES

« Une façade de sagesse pour mieux dissimuler la sagesse. »

Robert Silverberg,
L'Homme dans le labyrinthe

86

La chronocyclette

Les financiers les plus riches du globe se réunirent un jour précipitamment pour mettre sur pied ce qui devait être la plus fabuleuse affaire de l'histoire de l'humanité. Leur président vomit la grande nouvelle : « Mes chers associés, nos savants viennent d'inventer une machine économique qui a la forme d'une bicyclette et permet de voyager dans le temps. La fabriquer est un jeu d'enfant et de plus, elle ne coûtera pas plus cher qu'une bicyclette ordinaire. De conception très simple, elle permettra un saut temporel de deux mille ans, sans possibilité de retour. Quant à nos voyageurs du futur, ils se retrouveront tous instantanément en 3977 ! » Ils lancèrent une folle campagne publicitaire qui couvrit la planète d'affiches : « Achetez notre chronocyclette ! » « Pourquoi stagner dans ce siècle ? Dans deux mille ans la guerre et la maladie auront disparu et il ne sera plus nécessaire de travailler ! On aura découvert le secret de la vie éternelle et des machines fabriqueront des villes parfaites ! L'étude pourra être négligée puisque la connaissance sera directement greffée sur le cerveau ! Avec la chronocyclette Dieu même sera devenu inutile ! »… L'appareil enthousiasma la planète et comme il était bon marché, tout le monde – hormis les imbéciles – acheta la chronocyclette pour connaître le paradis futur. Des familles entières, des villes, des pays, partirent vers le monde de demain, avec aux mâchoires un curieux sourire d'espérance. Suivant minutieusement le mode d'emploi, chacun donna le fatal coup de pédale et se retrouva, en moins d'une seconde, en 3977 ! Oh, déception ! Oh, terreur ! Oh, angoisse ! Au lieu des cités parfaites vantées par la publicité, gisait une planète en ruine, dévorée par les mauvaises herbes et peuplée d'êtres dégénérés, idiots, incultes, barbares ; vivant dans la misère, l'insalubrité, la décadence ; chassant, pour pouvoir subsister, de voraces troupeaux de rats avec des flèches. Aucune machine, aucune construction nouvelle, aucun livre : des ruines, encore des ruines à perte de vue ! Les aschronautes s'approchèrent de ces êtres primitifs et leur demandèrent : « Que s'est-il passé durant ces deux mille ans ? », et les idiots leur répondirent : *« An 1977 lè sitoïens de laTaire l'a bandonère… & comedura cè ciėk les pairzone nes'o cup ahd'aile toux se couv rizde r ue-in ! »…*

87

Le garde du corps du président

Un entraîneur préparait un garde du corps pour un président. Une révolte était imminente et l'on aurait rapidement besoin d'un grand guerrier, pensait-on en haut lieu… Le monarque demanda : « Mon garde du corps est-il prêt ? » L'entraîneur répondit : « Pas encore : il est vaniteux et suffisant ! » Plusieurs jours passèrent et le président réitéra sa question. L'autre lui répondit : « Pas encore : il réagit avec agressivité devant chaque ombre, chaque bruit ! » Deux semaines plus tard, le chef suprême reçut une réponse identique : « Pas encore : il a le regard hargneux et un air de triomphateur ! » À la fin, après plusieurs mois d'attente, comme la question était de nouveau posée, le maître déclara : « Il est prêt ! Quand les ennemis lancent leurs cris agressifs, cela ne l'impressionne plus ! En le voyant, on le croirait de bois ! Sa force intérieure est parfaite ! Rien de ce qu'il pense, de ce qu'il ressent ou de ce qu'il désire ne transparaît, parce qu'en vérité il ne pense pas, ne sent pas, ne désire pas : il est le vide même ! » Le jour fixé pour la révolte, personne n'osa s'approcher de lui… Au contraire, tout le monde fit demi-tour et repartit chez soi. On ne tira aucun coup de feu. En fait, personne ne se souvint l'avoir vu…

88

La toute-puissance de la foi

Un sourd veut entendre. À force de prier il recouvre l'ouïe mais l'effort lui fait perdre la vue.

89

Le saint et la femme ardente

Dans une région éloignée du Japon que l'aspect désolé et lunaire du paysage coupait du reste du monde, un moine atteignit l'illumination. La renommée de sa perfection gagna bientôt tout le pays et une multitude d'élèves vinrent se soumettre aux émanations subtiles de son aura. Notre saint, immobile, muet, insomniaque, méditait sans cesse. Son repas était frugal et sa pureté immense. Sans qu'il s'en soit rendu compte, un visiteur fit son portrait et, de retour à la ville, entreprit de vendre la pieuse effigie. Le destin voulut qu'une fille publique, en voyant ce visage imbibé de mystère, en tombât éperdument amoureuse. Elle vendit tout ce qu'elle possédait, abandonna ses clients et partit vers cette contrée lointaine. Après d'incroyables privations, les vêtements boueux, déchirés par le temps inclément et une nature hostile, elle arriva épuisée mais embellie par la passion devant le moine pour tomber à ses genoux. Lui, imperturbable, continua à méditer. Elle l'observa lentement : de cet homme émanait quelque chose d'indicible, de magnétique, de si attractif que ses ovaires se dilatèrent en proie à un furieux et irrésistible désir. Sa nature animale resurgit comme un torrent et, en dépit du froid hivernal, enlevant fiévreusement les haillons qui la couvraient, elle lui offrit son corps nu étrangement beau, duquel jaillissait une fulgurante sensualité. Les novices, devant la chair lisse, excitante, pâle, sensuelle, ne pouvant contenir les frénétiques battements de leurs cœurs, se bouchèrent les yeux, s'exclamant : « Sacrilège ! Impudique ! Mort à la courtisane ! » Cependant le saint, d'un geste, les arrêta, leva les yeux, regarda la femme franchement, sourit et lui proposa : « Viens avec moi, allons au lac ! » La femelle sentit la voix masculine comme une caresse brûlante fouillant ses entrailles : délirante de désir, elle accepta. Les novices, le front soucieux, commencèrent à douter de leur maître, en les voyant s'éloigner main dans la main. Près du lac, où s'étalait nonchalamment une douce prairie, la femme fit mine de s'allonger. Le maître la prit dans ses bras et… la jeta dans les eaux glacées ! Quand il la repêcha, la courtisane, chair de feu bleuie par le froid, avait perdu son impétuosité amoureuse. La légende dit qu'elle fut une religieuse exemplaire et qu'elle servit le saint avec une grande et pure dévotion.

90

L'unité de mesure

Un unijambiste de naissance devint danseur. Au sommet de sa carrière, il ouvrit une académie de danse. Prétextant qu'être bipède était « dégoûtant », il obligea ses élèves à n'évoluer que sur une jambe en tenant l'autre repliée en arrière et solidement attachée.

91

La méthode géniale

Un commerçant voulait faire de l'argent. Il empaqueta un étron, se déguisa en maître, chercha des gens naïfs et les convainquit que l'important ce n'était pas d'acheter quelque chose d'utile mais un produit difficile à vendre : une fois devenus vendeurs, ils chercheraient à leur tour d'autres naïfs qui, leur achetant l'invendable, leur démontreraient ainsi leur habileté. Avec ce système, tout le monde se fit bientôt revendeur jusqu'au jour où, l'insalubrité de la miraculeuse substance aidant, s'installa une peste meurtrière qui les extermina tous.

92

Science extra-terrestre

Un vaisseau spatial, conduit par un seul homme, se pose sur une planète dont les habitants, dépourvus de toute partie saillante, ressemblent à des sphères. Sur l'équateur de leur verte matière : plusieurs douzaines d'organes sensoriels. Possesseurs d'un très haut degré de développement technique, ils s'emparent, en quelques secondes, de l'astronaute. Télépathes, le langage humain leur apparaît comme une suite de glapissements bizarres sans signification, intraduisibles, incompréhensibles ; aussi ne parviennent-ils pas à communiquer avec l'homme d'équipage. Plusieurs expériences sont tentées. Une boule pensante se place derrière une petite barrière, en deux bonds elle saute par-dessus et se retrouve de l'autre côté. Puis, c'est au tour de l'homme de se retrouver face à l'obstacle. Utilisant les phrases ondulatoires de leur idiome extra-sensoriel, ils lui ordonnent de sauter. L'humanoïde, bien qu'il n'ait pas capté le message mais voulant, malgré tout, montrer son intelligence, reproduit ce qu'il vient d'observer : il plie les genoux et saute la barrière. Les sphères en déduisent donc qu'il possède les organes susceptibles de recevoir les messages télépathiques. Mais comment les localiser ? Pour le savoir, ils posent le sujet en face de la barrière et lui ayant préalablement coupé les jambes, émettent le signal… L'astronaute hurle, se tord de douleur, comme s'il avait perdu le contrôle de son intelligence… Nos pédantes sphères en concluent qu'organes de captation télépathique et centre intellectuel ont leur siège dans les jambes de l'étranger. Et cela d'autant plus facilement que sans elles, il semble perdre sa faculté de compréhension et sa coordination corporelle. L'expérience leur paraissant concluante, ils en gravent les conclusions dans la mémoire de l'Ordinateur Scientifique Central. Quant au corps de ce sujet « dé-cérébré », ils le jettent en pâture au grand désintégrateur d'ordures…

93

Le jardin éloigné

Les propriétaires d'une grande maison décidèrent pour leur plaisir de faire un long voyage à travers le monde. Ils cherchèrent un gardien susceptible de s'occuper de leur demeure pendant leur absence. Une fois le contrat signé, l'homme s'installa dans la maison et les maîtres partirent, laissant toutes les pièces fermées à clef. De sa chambre de domestique, il ne voyait que le jardin entouré de hauts murs. Le gazon était envahi par les mauvaises herbes, les arbres dévorés par les fourmis et les fleurs languissaient. « Comment est-ce possible ? Comment des gens aussi riches peuvent-ils laisser à l'abandon une terre si grasse ? », pensait-il avec tristesse… Aussi décida-t-il d'utiliser chaque jour la plus grande partie de son temps à cultiver ce jardin potentiel jusqu'à ce qu'il devienne un verger magnifique… Ses amis, qui ne l'avaient pas vu depuis longtemps, passèrent par-dessus le mur et le virent travailler avec ferveur. Ils éclatèrent de rire : « Quel sot ! Pourquoi entretiens-tu un jardin qui ne t'appartient pas ? » Le jardinier répondit : « Ces plantes, qui ne poussent dans le jardin de personne, enfoncent cependant leurs racines dans *la* terre. Je les cultive parce que je les aime ! »

94

La grande vente

Sur la place, en face du couvent, s'est installé un camelot. Dans une bâche, pêle-mêle : des seaux, des périscopes, des montants métalliques, le tout coiffé d'un énorme écriteau : « Aujourd'hui – grande vente de – GRAPHOSSES ». Dans un mégaphone destiné à amplifier sa voix, le bateleur crie : « Achetez dès aujourd'hui un graphosse pour moins de vingt-huit pesos ! Oui ! Vous avez bien entendu : pour moins de vingt-huit pesos ! Soyez prévoyants. » Les moines se précipitent sur la marchandise. « C'est le mien ! Je l'ai vu le premier ! Si tu ne le lâches pas, je te casse la tête ! » Un des élèves, méditant à côté de son maître, lui dit : « Nous devons acheter un graphosse avant qu'il n'y en ait plus ! » Et il part en courant, écarte à coups de poing ses autres congénères avides et vient se planter sous le nez du vendeur qui s'empresse de lui raconter : « C'est le dernier, profitez-en ! » Pour le taquiner un peu, le moine lui répond qu'il n'a que huit pesos. Le margoulin, en souriant, rétorque : « Aucune importance : je vous fais cadeau des vingt pesos qui vous manquent ! » Le disciple achète son objet et le montre en sautillant à son maître : « J'ai économisé vingt pesos ! » Le vieux sage le regarde avec compassion : « Non ! Tu as perdu huit pesos parce que les graphosses ne servent à rien ! »

95

L'archer fou

Un archer voulait chasser la lune. Nuit après nuit, sans se reposer, il lançait ses flèches en direction de Séléné. Ses voisins commencèrent à se moquer de lui et dirent qu'il était fou. Mais l'homme continua toujours à lancer ses flèches. Il ne put jamais attraper la lune, mais il devint le meilleur archer du monde.

96

La fourmi qui était une poule mouillée

Une petite fourmi sort chercher de la nourriture en compagnie de sa mère. Elles sont dans un désert aride et hostile. À un kilomètre de là, la petite fourmi aperçoit un arbre. Elle dit, angoissée : « C'est très loin ! Je ne pourrai jamais y arriver ! Je mourrai de faim ! » La mère lui répond : « Tu te trompes : ne désire pas arriver à l'arbre… Commence simplement par marcher ! Ne te propose pas d'arriver. Propose-toi seulement d'*avancer*. Comme ça tu arriveras où tu voudras ! »

97

Le verre unique

Un élève utilisait son temps à casser des verres. Il devint bientôt expert en la matière et sa dextérité frisait l'escamotage. Il parvint même à en briser un uniquement en le frottant du bout de l'ongle. Joyeux, il s'en alla trouver son maître pour lui montrer ce qu'il savait faire. Sûr de lui, il attend les félicitations. Le maître le regarde avec pitié et lui dit : « Il y a mille façons de casser un verre, mais une de le fabriquer ! »

98

Les crapauds dans le temple

Un homme entra dans un temple oriental pour supplier un maître de l'accepter comme disciple. Celui-ci, délaissant sa profonde méditation, l'observa avec pénétration et insistance et lui répondit : « Je vois dans ton esprit une mer de nuages ; cependant, tu possèdes le rayon de soleil susceptible de la chasser. Je t'accepterai si tu déchiffres cette énigme : "Quand le moine sort, les crapauds pénètrent dans le temple. Quand les crapauds entrent-ils dans le temple ?" » Le postulant sourit devant la facilité du problème et, avec suffisance, répondit : « Très simple : les crapauds entrent dans le temple quand le moine en sort, c'est évident ! » Le maître lui donna un coup de poing féroce sur la tête : « Maladroit ! Vulgaire ! Aveugle ! Sourd ! Bavard ! Tu reviendras me voir quand tu auras su me donner la bonne réponse ! » « Mais, maître, c'est vous-même qui me l'avez dit : quand le moine sort, les crapauds entrent… Quelle autre réponse puis-je trouver ? » Il reçut un autre coup de poing. Triste et angoissé, il vendit tout ce qu'il possédait et fit cadeau de l'argent ainsi récupéré aux pauvres. Il partit dans un bois, élut domicile au creux d'un arbre et y demeura des jours et des nuits, tout absorbé qu'il était par les réponses à apporter au problème. Il en trouva beaucoup. Chaque fois il courait les apporter au maître mais ne recevait en échange qu'un torrent d'injures et de nouveaux coups sur la tête. « Ils entrent quand ils sont adultes et qu'ils peuvent sauter par la fenêtre ! » « Tricheur ! » « Ils entrent quand ils ont trop chaud et qu'ils cherchent de l'ombre ! » « Rêveur ! » « Ils entrent car ils pensent y trouver la lumière ! » « Intellectuel vaniteux ! » Un jour, alors que la chaude humidité de l'air imprégnait les choses et les êtres, l'ermite sortit du tronc pour respirer un peu d'air frais. Quand il revint, il découvrit sa tanière envahie par des millions de fourmis. La réponse était là, fulgurante comme un rayon de foudre et de lave. Il rit aux éclats, se présenta devant le maître et lui cria : « Les crapauds n'entrent jamais dans le temple parce que le moine ne l'abandonne jamais ! » Le maître l'accepta.

99

La digue et le cuir

Si tu as le pouvoir et que des hommes simples dépendent de toi, ne fais pas comme ce roi qui, voyant que ses paysans craignaient que les digues ne se rompent et engloutissent leur récolte, leur dépêcha un technicien qui, arrivant au village, leur conseilla de colmater les brèches avec du cuir à semelles. La miraculeuse solution ne fut d'aucune utilité… Après la catastrophe l'envoyé tenta de se disculper : cordonnier, il réparait les chaussures et non les digues.

100

Le solfège et la voix

Au disciple qui se plaignait : « J'aimerais tellement chanter ! Je sais que je suis capable de le faire, mais je n'ose pas : je ne possède pas la technique du chant ! Je n'y connais rien en musique ! Que puis-je faire ? », le maître répondit : « Les oiseaux ne connaissent rien à la musique, ne savent ni lire une partition ni battre la mesure, mais leur chant est des plus voluptueux ! »

101

La ceinture

Le disciple analyse le costume de karaté du maître. Il interprète chaque partie du vêtement. À l'aide des théories les plus sophistiquées, il en dégage de multiples significations, cependant un élément lui semble encore un mystère : « À quoi sert la ceinture ? » Le maître répond : « À empêcher que le pantalon ne tombe ! »

102

Racines

L'amour
poisson
qui
donne sens
à
l'eau.

103

L'éternel retour

Le disciple s'inquiétait : « Si l'Univers naît, se développe, meurt et renaît, exactement, éternellement, pour quoi vivre ? Tout est écrit ! Nous ne pouvons rien changer ! Nous revivons toujours les mêmes souffrances, commettons les mêmes erreurs, possédons les mêmes objets aliénants... Quelle horreur ! » Le maître répondit : « Nous, nous ne nous répéterons jamais : tout vient de Dieu et retourne à Dieu. Il est l'artiste et nous sommes l'œuvre. Un peintre, faisant une autre toile, s'y abandonne, puis redevient lui-même et peint une autre toile, etc. Ainsi, Dieu rêve un Univers, le défait et dans son infinie créativité en reconstruit un autre, mais différent : un véritable artiste ne refait jamais la même œuvre. Éternel retour ne signifie pas éternel retour sur soi-même mais éternel retour vers Dieu. »

HISTOIRES PERSONNELLES

« No le pido a dios que me dé sino que me ponga donde haya. »

Tintan,
in *Calabacitas tiernas*

104

L'illumination

Un jour arrive chez moi un petit garçon qui me demande de lui enseigner l'Illumination. Le thème de l'*Illumination* m'a passionné durant des années. Je lui montre des livres parlant du bouddhisme Zen, du soufisme, du taoïsme, du christianisme ésotérique, du yoga tibétain, de la Kabbale, de la maçonnerie, etc. Je m'aperçois que le jeune garçon est déconcerté. Je lui demande alors ce qui se passe, ce qu'il a. Il me répond : « Ce que je désire, c'est seulement que vous m'appreniez à bien me servir des projecteurs ! »

105

Les cinq doigts

J'apprends à faire un « mudra ». Je vais à une fête. Ici il y a un fou qui, dit-on, est un érudit en bouddhisme. Je fais le mudra avec la main pour provoquer son admiration et obtenir qu'il me donne sa signification. Le fou, avec une grande moue de mépris, s'exclame : « Cinq doigts ! »

106

Sur le trottoir d'en face

Je me promène dans une rue, quand, d'une automobile en stationnement, trois enfants me crient : « Au revoir ! Au revoir ! » Je réponds à l'aimable salut et continue mon chemin, pensant que les études du yoga m'ont donné de fantastiques vibrations puisque les enfants, de loin, se sentent attirés par ma bonté et me donnent des preuves de leur amour. Mais en tournant la tête, je découvre sur le trottoir d'en face une autre personne que les petits garnements jouent à saluer aimablement…

107

Blake and white

J'enseigne à mon fils comme il est laid d'être sale ; une dame, assise à côté de nous, enseigne à son fils la beauté d'être propre.

108

Délire et grandeur

Un homme est chargé de transporter un Christ de plâtre dans une église. Sur son passage les citoyens se prosternent. Il pense que c'est un hommage rendu à sa personne. Il se sent Dieu. Il casse la sculpture et ouvre les bras. On lui lance des pierres. « Pourquoi ? », se demande-t-il.

109

L'attaque

Ceci eut lieu à Santiago du Chili, alors que j'avais à peine dix-sept ans et que la seule chose que je voulais faire c'était écrire des poèmes. Une nuit d'hiver, j'avais raccompagné un ami du même âge que moi jusque chez lui. Il vivait dans un quartier éloigné, sinistre, aux rues étroites et obscures. Une grande avenue (par je ne sais quel jeu de mots du destin elle s'appelait Providence) étirait son large dos à environ huit cents mètres de là. Je quittai mon camarade et commençai mon retour. Je vis alors s'approcher trois individus qui me parurent assez louches. Je n'étais guère rassuré et instinctivement changeai de côté. Voyant mon mouvement de défense, ils se déployèrent en éventail. L'un sortit une matraque, l'autre un couteau et le troisième un pistolet. Je courus à toutes jambes en direction de la Providence ! « Arrête-toi, pédé ! » crièrent-ils. Je lançai un déchirant : « Au secours ! » qui résonna comme le grognement du cochon conduit à l'abattoir. Aucune fenêtre ne s'ouvrit. J'étais ici, ex-immortel, au bord du gouffre, sous le firmament indifférent, galopant à travers une rue-cimetière où des portes closes défendaient des mausolées, laissant dans mon pantalon la marque odorante de ma peur… Avec la douleur de la dignité pulvérisée, je laissai mes espérances en arrivant au coin de l'avenue Providence. À vingt mètres de là, tout était sombre : une panne de courant ! Alors, vaincu, m'abandonnant à mon triste sort, je m'arrêtai et attendis les bandits. Ils arrivèrent et d'un coup de poing me jetèrent à terre ! Avec le calme de l'agonie, je les suppliai de ne pas me tuer, qu'ils emporteraient tout ce qu'ils voudraient, que j'étais un poète, etc. Ils me demandèrent mon portefeuille qui évidemment ne contenait qu'un sale et veuf billet ; ils examinèrent ma carte de lycéen, me saluèrent et partirent en précisant qu'ils étaient de la police et qu'ils m'avaient pris pour un voleur. « Mais la prochaine fois, ne vous échappez pas ; cela vous rend suspect ! » Le corps meurtri et l'esprit quelque peu retourné, j'arrivai à l'avenue : ici, au coin, à la lumière d'une lampe à gaz, une vingtaine d'hommes jouaient aux cartes dans un café ! Il n'y aurait eu que quelques pas à faire pour être sauvé ! J'aurais pu mourir à cause d'une bêtise ! M'être livré pieds et poings liés, comme une bête ! Sur-le-champ, je jurai que j'irais toujours jusqu'au bout de mes forces, jusqu'à la dernière goutte de mon énergie et que je n'abandonnerais jamais une œuvre commencée avant de l'avoir terminée !

110

Le gastronome philosophe

À Paris, je devins l'ami d'un réalisateur de télévision. Comme je désirais apprendre la technique de la vidéo, je l'accompagnai parfois pour assister à plusieurs séances de travail. Un jour, nous nous rendîmes chez un célèbre gastronome. Il possédait une immense bibliothèque rassemblant des recettes culinaires de tous les temps et de tous les pays, des phéniciens jusqu'à nos jours. Il connaissait les lieux et dates de naissance de chaque plat et les légendes des herbes et des espèces les plus rares. Sa passion, c'était la cuisine qu'il avait pratiquée durant plus de quarante ans et de façon magistrale. D'après ce que l'on racontait, déguster un de ses plats était un exercice spirituel des plus gratifiants. Mon ami lui demanda de préparer devant la caméra quelque chose pour que le public voie toute l'étendue de ses compétences. Notre homme se drapa dans un tablier blanc immaculé, se couvrit la tête d'une haute toque fongiforme blanche, apporta une délicate table de bois parfumé ; d'une boîte incrustée de nacre, il en sortit un pain et coupa – à l'aide d'un couteau-scie reluisant – une tranche, sans répandre la moindre petite miette. Il mit en marche un grille-pain, vérifia plusieurs fois sa température et, après avoir à plusieurs reprises réglé la puissance de la flamme, y déposa cérémonieusement la tranche de pain à griller. Après que le pain eut pris une belle couleur dorée d'une ineffable beauté, il l'enleva et le recouvrit – utilisant une spatule qui avait un manche d'or en forme de Bouddha – d'une fine couche de beurre. Alors, face aux caméras, buvant un café au lait, il mangea la tranche de pain beurrée, la mastiquant voluptueusement comme s'il s'était agi du mets le plus exquis de toute l'histoire de l'humanité…

111

Savoir faire

À minuit, on annonce à la télévision un programme consacré à la grande cuisine. Le sujet ne m'intéresse pas. Je suis sur le point de m'endormir quand je m'interroge sur la raison de ce refus. C'est un sujet qui n'a vraiment rien à voir avec moi. C'est donc précisément pour cela que je dois le voir, même s'il m'abêtit, m'abrutit : si je ne prête attention qu'aux choses qui m'attirent, vers lesquelles me porte ma propre sensibilité, qui me ressemblent, je n'apprendrai jamais rien de nouveau ; c'est là où les choses diffèrent véritablement de mes goûts, en sont réellement éloignées, en un mot m'étonnent, que je pourrai apprendre quelque chose. Effectivement, apparaît un chef chinois qui se met, sans couteau ni fourchette, mais avec ses mains, à fabriquer des nouilles. Il étire la pâte, la laisse s'embrouiller au fond d'elle-même comme dans une spirale, revient l'allonger, l'étend, la malaxe, la tresse maintes et maintes fois jusqu'à former, comme magiquement, en quelques secondes, de larges nouilles, blanches, impeccables et sensuelles comme une appétissante chevelure. Et j'éprouve soudain une folle envie pour ce plat jusqu'alors inconnu : Ah ! Manger une soupe de ces pâtes créées avec habileté, abandon et amour ; de véritables œuvres d'art ! L'impact causé par ce cuisinier jongleur fut tel que je me mis à rêver de spaghetti-sirènes. Le lendemain matin – avec, creusant ma mémoire, la persistante image de l'Oriental fabriquant sa délicieuse mixture –, je me levai avec une certaine tristesse gastronomique : l'émission était nord-américaine et pour manger ce plat exquis, il faudrait que j'aille à Los Angeles, chose absolument impossible pour le moment. Je sortis dans la rue. À côté de chez moi se trouvait un modeste restaurant chinois – je vivais alors à Paris – avec une de ces petites vitrines minuscules et tristes, où le propriétaire, un vieillard aux yeux bridés d'absence, présentait ses plats. Quelle ne fut pas ma surprise quand je découvris des vermicelles tout à fait semblables à ceux que j'avais vus fabriquer à la télévision : pâles, larges, appétissants, doux, où se lisait encore la trace vivante des doigts ! Durant une année entière je les avais vus et méprisés parce que je ne savais pas comment on les fabriquait.

112

L'art d'escalader les montagnes

Le hasard me mit en contact avec un Maître alpiniste. Sa première leçon fut : « Toutes les montagnes sont sacrées. » Il voulait dire que la création entière – ciel, mer, terre – est sacrée. Celui qui comprend ce qu'est un temple sait que le respect pour ce lieu doit s'étendre à toute la matière. « La montagne entière est dans une seule de ses pierres. Si tu domines une pierre, tu peux escalader la montagne. » « Qui est capable d'arriver à la perfection dans les détails réalise le grand œuvre. Caresse la pierre comme si c'était une peau humaine ; sens-la : prends en compte chaque millimètre ; donne-lui de l'amour. Là où il n'y en a pas, mets de l'amour et tu obtiendras de l'amour ! » Nos sentiments positifs doivent être semés, arrosés et attendus patiemment jusqu'à l'éclosion florale. « Dans la dureté de la pierre cherche sa blancheur. Laisse la pierre s'ouvrir au clou comme une fleur à la rosée. La pierre c'est ton miroir : elle te traitera comme tu la traites. » Nous pénétrons dans la vie subtilement, nous glissant entre ses mensonges, sans jamais nous abandonner au désagrément ou à la joie. Moins les choses nous piègent et plus nous avancerons. « La pierre a un idéal qui est le centre de la montagne. Le tien, c'est le centre de la pierre. Pour triompher, trouve ton centre et unis-le aux deux autres. Tout centre tend vers le centre de la montagne. Elle est un aimant. Si nous la comprenons, nous pouvons nous y abandonner, nous livrer à elle, l'escalader les yeux fermés. » La conscience tend à voir le Tout, cherche le global, et la meilleure place pour elle c'est le centre de l'Univers. Dans le cœur de chaque être est gravé le désir d'observer la Création depuis son centre. « Chaque marche que tu tailles te donne le droit d'en obtenir une autre. Si tu la creuses mal, tu glisseras. Oublie le sommet et perfectionne cette marche : c'est en elle que tu joues ton triomphe. » J'ai mal travaillé et j'ai glissé. Je suis resté pendu à une corde ! Mon maître s'est approché, ordonnant : « Ne cherche pas appui que sur les rochers ! Mets le pied sur mon visage ! Marche-moi dessus ! Ne me respecte pas : utilise-moi ! Ma tête est un point d'appui ! Ne me poursuis pas : poursuis le sommet ! » Sain et sauf, je criai en montrant les lacets d'un doux sentier : « Par ce chemin c'est plus facile ! » Le Maître continua son ascension : « Oui, ce chemin est plus facile mais il ne mène pas au sommet ! »

113

La ville

J'ai trouvé la ville bien changée :
Elle avait troqué son cadavre de putain
contre la pureté fulgurante d'une vierge
et mes sens revivifiés
captaient le message magique
hurlé par les pierres silencieuses
aux citadins endormis
Au pied de Notre-Dame
s'inscrivait le seuil de tous les chemins
sur les murs et les vitraux
naissait le délire d'une logique divine
entraînant des torrents de pouvoirs
se fixant par vagues fulgurantes
sur les murs les grilles les portes
sur les monuments les tombes les mandalas-déversoirs
sur le grand collecteur
abruti d'ordures
Sous le pavé
accompagnés d'incandescences et éjaculés par l'Obélisque de la Concorde

fourmillaient des courants d'énergie cosmique
vers les cœurs
de toute la terre
Je savais que dans les souterrains de Paris
des dragons enlacés
crachaient de l'eau et du feu
à travers les colonnes
à travers les corps
vers la Conscience-Étoile
finalité et guide de notre chemin
Nous étions dans le char de la guerre
conduits par la main de Dieu
unis pour toujours aux forces de la lumière
en lutte contre les ténèbres !

HISTOIRES DU MYTHE ET DE LA RÉALITÉ

« En vérité les joues du diable ne sont que les fesses de Dieu »

Ribemont-Dessaignes,
La saison des bains de ciel

114

Icare

On dit qu'Icare, prisonnier dans un labyrinthe, avec des plumes et de la cire, fabriqua deux ailes et s'échappa en volant. Il monta si haut que le soleil fit fondre ses ailes. Après une chute vertigineuse, il s'écrasa sur le sol… En réalité, Icare était monté dans la tour parce qu'il voulait arriver au soleil. Aidé par son invention, il monta ; quand de lui-même, il ne put plus voler, il laissa tomber ses extrémités artificielles et s'éleva jusqu'à ce qu'il touche l'astre roi : alors il se fit soleil et illumina la nuit des hommes endormis.

115

Prométhée

On dit que Prométhée vola le feu du ciel aux dieux pour le donner à l'humanité et en fut châtié : on l'attacha à un rocher pour qu'un aigle lui dévore éternellement le foie… En réalité, Prométhée, pour avoir apporté la lumière aux hommes, fut récompensé : les dieux lui révélèrent l'amour. Prométhée aimait l'aigle et chaque matin lui offrait son glanduleux organe et plus il donnait, plus il obtenait. Parce que qui donne croît et multiplie. Mais qui garde diminue et s'anéantit.

116

Narcisse

On dit que Narcisse était si beau que la première fois où il aperçut son reflet dans l'eau, il tomba amoureux de lui et, voulant le toucher, se noya... En réalité Narcisse était un reflet prisonnier à la surface d'un lac. Un jour, il prit conscience de ce mirage. Faisant d'énormes efforts, il se créa, sur la berge sèche, un corps solide. Il sortit alors de l'eau et s'unit au nouvel homme. Voilà comment Narcisse mourut pour le lac (Illusion) et naquit sur la terre (Réalité).

117

Moïse

On dit que Moïse guida le peuple élu à travers le désert durant des années, jusqu'à ce qu'il rencontre la Terre promise. Tous pénétrèrent dans le merveilleux pays, sauf lui, qui ne put que l'apercevoir de loin avant de mourir… En réalité, c'était les pèlerins eux-mêmes qui formaient avec leurs corps cet homme collectif qu'on appelait Moïse. Et le pays merveilleux était le rêve commun de leurs esprits. Quand ils arrêtèrent de rêver et comprirent enfin qu'ils étaient eux-mêmes la fin *et* les moyens, Moïse disparut – ils trouvèrent alors la Terre promise (Vérité) dans leur propre cœur.

118

Messie

En réalité, le Messie a dit : « Aime-toi toi-même pour que tu puisses aimer ton prochain ! »

119

La vie est un mauvais rêve

Le roi se réveilla angoissé : il avait fait un cauchemar… Il avait sept ans, il s'était perdu dans un jardin, y avait trouvé une petite machine qu'il n'avait su faire marcher. Puis brusquement, il avait eu quatorze ans : le jardin était un parc, la machine ressemblait à une maison, il avait essayé en vain de multiples clefs pour y entrer. Puis il avait eu quarante ans : il errait au cœur d'une forêt ténébreuse et profonde, la machine était plus grande que son palais, avec une telle quantité de boutons, de manivelles et d'engrenages qu'il était impossible d'en comprendre le fonctionnement. Puis il s'était vu très nettement assis au sommet d'une montagne, le dos voûté, la tête chenue : un vieillard ! Dans la vallée, brillait la machine, étendue comme une ville. Il avait voulu y entrer, il avait traversé des kilomètres et des kilomètres de tunnels, de barres et de commandes, sans jamais trouver la réponse. Enfin, il s'aperçut, recroquevillé, agonisant au pied de roues crantées plus hautes que des montagnes ! « À quoi peut bien servir cette machine ? » À peine avait-il formulé sa question qu'il se retrouva instantanément dans le petit jardin de son enfance à côté du premier et simple mécanisme. « À quoi sert-il ? Il suffit de bouger son unique levier… (Sous cette baguette)… pour qu'apparaisse… le stylet… (Un couteau très pointu émergea des entrailles métalliques)… qui doit me traverser le cœur… (Glacée comme le froid chirurgical du scalpel, comme l'obsidienne du sacrifice, la feuille tisonna sa poitrine)… » Le roi se réveilla en criant. Quand il put calmer les battements précipités de son cœur, il dit : « La vie : une machine incompréhensible dont le rôle est de nous assassiner ! Ça ne vaut pas la peine ! C'est la vérité : on naît, on souffre, on meurt. » Il offrit une fortune à qui pourrait réfuter cet argument. Quelques-uns arguèrent qu'il nous arrivait de jouir, que tout n'était pas aussi noir. Il répondit : « La joie est souffrance parce que la mort la pulvérise : au fond du plaisir est ancrée la mélancolie. » Amer, il s'enferma dans son palais pendant des années. Un jour, accoudé à son balcon, il vit un moine qui méditait placidement. Il arriva près de lui et, le secouant, lui dit : « Si tu peux avancer quelque chose de plus sûr encore que “on naît, on souffre, on meurt”, je te donne mon royaume ! » Souriant, le moine répondit : « On ne naît pas, on ne meurt pas ! » Le roi comprit. Il devint son disciple et abandonna son trône.

HISTOIRES DE MOTS, DE SILENCES ET DE BLANCS

« La vérité, c'est ce qu'on arrive à faire croire aux autres. »

Richard Jessyp,
Chanteur de choc

120

La sorcière aux champignons

Alors que les premières lueurs de l'aube blanchissaient l'horizon, la sorcière aux champignons nous attendait sur la pyramide de la lune, regard tourné vers la pyramide du soleil…

Elle avait apporté trente-deux champignons…

Elle déposa devant moi seize femelles…

Elle déposa devant mo seize mâles…

Puis elle fit seize couples, en donna huit à la femme, en donna huit à l'homme. Alors, la sorcière dit : « Pourquoi êtes-vous venus ? »

Alors nous pensâmes que c'était notre cœur qui avait posé la question, et non la bouche de la sorcière…

Et comme réponse à la question, je décidai d'une parabole…

> Un homme qui avait décidé de vivre dans un cimetière abandonné, par respect et pitié envers les morts, lavait les tombes et apportait un peu de tendresse là où ne régnait que solitude et tristesse…

Il était heureux et satisfait au milieu de toutes ces tombes éclatantes de propreté. Pourtant, un jour, il entendit un long gémissement qui semblait venir du fond du cimetière…

Consterné, il se rendit sur les lieux et vit qu'il avait oublié une tombe. Une tombe pleine de mauvaises herbes, de poussière, et qui gisait là, dans l'ombre et dans l'oubli…

Il se mit en devoir d'extirper tout ce chiendent. Mais plus il se débattait avec ces mauvaises herbes, plus elles croissaient, plus elles grandissaient, devenaient gigantesques et cachaient bientôt la tombe : il s'épuisait en efforts inutiles…

Écartant les herbes, il atteignit cependant la plaque tombale, enleva la poussière et vit son nom sur la pierre ; il venait de découvrir sa propre tombe…

Les gémissements qu'il entendait à l'intérieur étaient poussés par sa propre voix perdue dans les profondeurs de la tombe !

AHORA VAS A CONOCER
EL FONDO DEL ABISMO
ALLI DONDE NACE EL CIELO…

Et la voix de la vieille me dit : « Maintenant tu connaîtras le fond de l'abîme, là où naît le ciel… »

Et nous mangeâmes la parole divine, la langue sacrée de la terre…

Et nous dûmes traverser le torrent des dieux oubliés et fâchés qui erraient dans les courants souterrains, dieux grotesques, dieux grimaçants, implorant, assoiffés, une goutte de notre âme…

Jusqu'à ce que nous arrivions à la base de la pyramide du Soleil… Nous avions l'impérieux désir de gratter à la recherche de la pierre la plus humble, de trouver la pierre initiale, la pierre première…

Celle qui avait supporté sans gloire, humblement durant des siècles, le poids de toute la pyramide, le poids des astres, les poids des étoiles, soutenue par d'autres pierres…

Puis nous réussîmes à extraire le cube de pierre et nous vîmes sur l'une de ses faces des lignes identiques aux lignes de nos mains…

Toujours plus lourde à mesure que nous nous rapprochions du sommet, la pierre croissait toujours comme un double cercueil de pierre, la pierre incrustait nos pieds dans les marches…

Et quand nous arrivâmes au sommet de la pyramide, nous vîmes que l'énorme bloc de pierre était devenu une graine minuscule…

Alors, elle sema la graine de la pierre dans la pierre, et en sortit un noir couteau…

Alors la sorcière dit : « La pierre qui pensait ne jamais pouvoir atteindre le sommet, la pierre qui pourtant le désirait si fort, cette pierre est devenue obsidienne… »

Et autour de l'œil, axe central, et autour du nombril, elle traça un cercle avec la pierre effilée, et nous coucha en son centre, la tête de l'un tournée vers le nord, la tête de l'autre tournée vers le sud…

Face au soleil, face au ciel, les jambes enlacées et le premier cercle sous le second, et le second cercle sous le troisième, et les trois ensemble sous un cercle de feu, œil, ombilic, axe central d'autres cercles du ciel…

Et traversant nos ventres, elle nous cloua sur la pyramide. Et nous fûmes l'un dans l'autre, et nous fûmes l'un dans la pierre, et nous fûmes l'autre dans la pierre, l'un dans l'autre dans la pierre de l'un et de l'autre, pierres…

Et nous sentîmes ses racines, ses racines qui étaient les nôtres…

Et nous nous enfonçâmes en elles, et nous nous enfonçâmes dans la terre, et nous descendîmes vers ce centre divin pour boire le feu central. Et du sexe de la terre monta la puissance de la force, et du sexe de la terre surgit la vie tentaculaire, pour éclater comme un arbre-serpent sur les laves de l'ombilic…

Et nous pûmes la rejeter et nous amarrer au sommet de la pyramide de la lune, et sauter d'une pyramide à l'autre… C'est alors que posant nos yeux sur ce corps étendu et voyant au loin ce paysan, et voyant ses fantasmes, en un instant nous comprîmes qu'il s'agissait d'un très vieil ami…

Et nous pûmes lancer une pieuvre jusqu'au firmament, et nous pûmes voir les étoiles en plein jour, et nous pûmes les ceindre de nos tentaculaires appendices et recevoir en échange mille caresses d'énergies superbes et différentes…

Alors la sorcière aux champignons nous ouvrit la poitrine et de ses mains lava nos cœurs... Et de ses mains les noua, et de ses mains les unit pour toujours. Alors nous connûmes le maître androgyne...

Puis nous pénétrâmes à l'intérieur de notre cœur bifide, puis nous fûmes avalés par la pyramide, puis nous fûmes emportés dans les plis dorés de son ventre, puis nous fûmes un enfant d'or bercé par les doux battements d'une pierre amoureuse et vive, puis nous apprîmes, enfin, à devenir les fils de notre propre cœur...

Alors la sorcière enfonça son couteau dans mon front, alors je vis le corbillard funèbre qui emportait ma mère, alors je vis le cercueil d'où coulait un lait blanc, alors je me vis, suivant derrière à genoux, en larmes implorant grâce...

Jusqu'à ce que mes seins s'alourdissent du même lait, jusqu'à ce que je puisse allaiter toutes les charognes de la terre, parce que cette nourriture, que ma mère m'avait transmise, était un don des étoiles...

Et nous unîmes nos deux blessures, et un œil brillait au fond du sang...

Et nous fûmes le calice d'une gigantesque fleur de pierre...

Et nous traversâmes les nuages...

Et nous pûmes enfin recevoir la lumière...

Et nous pûmes enfin recevoir l'hostie du soleil...

121

Aveux

Que la mort soit ma chienne.

122

Objectif objectif

Un homme, pour pouvoir critiquer sa main, se la coupa.

123

La vérité

Un homme se regarde dans une glace et hurle de douleur. Il montre la glace à un ami et lui demande : « Que vois-tu ? » L'ami répond : « Moi »... L'homme, soulagé, s'écrie : « Grâce à Dieu ! Je croyais que c'était moi ! »

124

Le collectionneur

Un monsieur utilise son énergie à collectionner des objets. Un autre décide d'éliminer tout ce qu'il possède. Quand il ne lui reste plus d'objets à jeter, il s'en prend aux mouvements, aux idées, aux souvenirs, aux sentiments qu'il considère comme inutiles. Il arrive à l'immobilité complète. Le collectionneur le trouve, le ramasse et le range dans son armoire : il augmentera sa collection !

Remerciements

I Ching
Tarots
Bouddhisme Zen
Soufisme
Rumi
Farid-ud-Din'Attar
Nasreddin Hodja
Carlos Castañeda
Judo
Lao-tseu
Tchouang-tseu
Lie-tseu
Han Shan
Ésope
La Fontaine
Upanishads
Évangiles
Gurdjieff
Blagues de collégiens
Vieux programmes de télévision

Table

DU MÊME AUTEUR

BIBLIOGRAPHIE SOMMAIRE

Manuel de psychomagie, Albin Michel, 2009.
Cabaret mystique, Albin Michel, 2008.
Solo de amor. D'amour seul, Maëlstrom, 2007.
La Sagesse des contes, Albin Michel, 2007.
Contes paniques, Le Relié, 2006.
Mu, le maître et les magiciennes, Albin Michel, 2005, rééd. coll. « Espaces libres », 2008.
L'Échelle des anges : un art de penser, Albin Michel, 2004.
La Voie du Tarot, avec Marianne Costa, Albin Michel, 2004.
Dire ne suffit pas, trad. de l'espagnol par Martin Bakero, David Giannoni et Emmanuel Lequeux, Le Veilleur, 2003.
Un Évangile pour guérir, trad. de l'espagnol par Alex et Nelly Lhermillier, éd. du Relié, 2003.
La Danse de la réalité, Albin Michel, 2002.
Le Théâtre de la guérison, Albin Michel, 2001.
Opéra panique : cabaret tragique, trad. de l'espagnol par Marianne Costa, Métailié, 2001.
L'Enfant du jeudi noir, trad. de l'espagnol par Caroline Lepage, Métailié, 2000.
L'Arbre du dieu pendu, trad. de l'espagnol par Mara Hernandez et René Solis, Métailié, 1998.
Le Doigt et la Lune, Albin Michel, 1997.
La Sagesse des blagues, éd. Vivez Soleil, 1994.
La Tricherie sacrée, éd. Dervy, 1984.
Le Paradis des perroquets, Flammarion, 1984.

Scénarii de bandes dessinées
(aux Humanoïdes Associés)

Pietrolino, 2007.
Castaka, 2007.
Astéroïde hurlant, 2006.
Bouncer, 2001.
Megalex, 2001.
Les Technopères, nouvelle édition 2000.
L'Incal, nouvelle édition 2000.
Avant l'Incal, nouvelle édition 2000.
Après l'Incal, nouvelle édition 2000.
La Caste des Méta-Barons, nouvelle édition 2000.
Alef-Thau, 1998.
Anibal Cinq, 1999.
Juan Solo, 1999.
Le Lama Blanc, nouvelle édition 2000.

« Espaces libres »
au format de poche

DERNIERS TITRES PARUS

180. *Le Visage du vent d'est*, de K. WHITE.
181. *Petit lexique des mots essentiels*, d'O. VALLET.
182. *Lettres sur la méditation*, de L. FREEMAN.
183. *Dix questions simples sur Dieu et la religion*, d'A. HOUZIAUX.
184. *Dix questions simples sur la vie*, d'A. HOUZIAUX.
185. *Les Nouveaux Penseurs de l'islam*, de R. BENZINE.
186. *Au dernier survivant*, du rabbin D. FARHI.
187. *Schizophrénie culturelle*, de D. SHAYEGAN.
188. *Apprendre à être heureux*, d'A. HOUZIAUX.
189. *Inventaire vagabond du bonheur*, de J. KELEN.
190. *Le Secret de l'Aigle*, de L. ANSA et H. GOUGAUD.
191. *Le Retour de l'enfant prodigue*, de H. NOUWEN.
192. *Mu. Le maître et les magiciennes*, d'A. JODOROWSKY.
193. *Enquête au cœur de l'Être*, dir. par G.-E. HOURANT.
194. *La Conférence des oiseaux*, de J.-Cl. CARRIÈRE.
195. *Paroles d'Orient*, de M. de SMEDT.
196. *Les Mouvements du silence*, de G. MANZUR.
197. *Jésus, Marie Madeleine et l'Incarnation*, de J.-Y LELOUP.
198. *Juifs et chrétiens face au XXIe siècle*, coll. dir. par P. THIBAUD.
199. *La Force de l'amour*, de Sœur CHÂN KHONG.
200. *Simon le Mage*, de J.-Cl. CARRIÈRE.
201. *Œdipe intérieur. La présence du Verbe dans le mythe grec*, d'A. de SOUZENELLE.
202. *Saint François d'Assise ou la puissance de l'amour*, de S. ROUGIER.
203. *Dieu* versus *Darwin*, de J. ARNOULD.
204. *Sagesses pour aujourd'hui*, entretiens réalisés par Colette MESNAGE.

205. *Jésus, l'homme qui évangélisa Dieu*, de R. LUNEAU.
206. *Anthologie du chamanisme*, de J. NARBY et F. HUXLEY.
207. *La Roue de la médecine*, de SUN BEAR et WABUN.
208. *Moine zen en Occident*, de R. RECH et B. SOLT.
209. *Enquête sur la réincarnation*, dir. par. P. VAN EERSEL.
210. *Une femme innombrable, le roman de Marie Madeleine*, de J.-Y. LELOUP.
211. *Sœur Emmanuelle, la chiffonnière du ciel*, de Sœur SARA et G. COLLARD.
212. *S'ouvrir à la compassion*, collectif dir. par L. BASSET.
213. *Le Livre du vide médian*, de F. CHENG.
214. *Préceptes de vie de l'Abbé Pierre*, d'A. NOVARINO.
215. *Préceptes de paix des Prix Nobel*, de B. BAUDOUIN.
216. *Cheminer vers la sagesse*, de D. CHOPRA.
217. *Le Chant des profondeurs*, collectif dir. par N. NABERT.
218. *Islam et démocratie*, de F. MERNISSI.
219. *Le Harem politique*, de F. MERNISSI.
220. *Contes de la chambre de thé*, de S. de MEYRAC.
221. *Deux mille dates pour comprendre l'Église*, de M. HEIM.
222. *La Femme dans l'inconscient musulman*, de F. AÏT SABBAH.
223. *La Consolation des consolations. L'Abbé Pierre parle de la mort*, d'A. NOVARINO.
224. *La mort est une question vitale*, d'E. KÜBLER ROSS.

Composition Nord Compo
Impression CPI Bussière en octobre 2010
Éditions Albin Michel
22, rue Huyghens, 75014 Paris
www.albin-michel.fr